초등 도스쿨

박형준

제47회 사법시험에 합격하여 사법연수원을 제37기로 수료하였습니다.
이후 변호사로 일하고 있습니다. 책과 영화를 너무 좋아해서 이제는 작가가 되는
소망을 마음 한쪽에 품고 그렇게 되기를 바라며 한 걸음씩 걸어가려고 합니다.
그 시작을 우리 곁에 있는 법의 본질을 알리는 이 책과 함께합니다.

초등 로스쿨 우리와 함께하는 법

지은이 박형준
초판 1쇄 인쇄 2023년 9월 1일
초판 1쇄 발행 2023년 9월 11일

발행인 박효상　**편집장** 김현　**기획·편집** 장경희, 김효정　**디자인** 임정현
마케팅 이태호, 이전희　**관리** 김태옥

기획·편집 진행 김현　**교정·교열** 박진재

종이 월드페이퍼　**인쇄·제본** 예림인쇄·바인딩

출판등록 제10-1835호　**발행처** 사람in　**주소** 04034 서울시 마포구 양화로 11길 14-10 (서교동) 3F
전화 02) 338-3555(代)　**팩스** 02) 338-3545　**E-mail** saramin@netsgo.com
Website www.saramin.com

책값은 뒤표지에 있습니다.
파본은 바꾸어 드립니다.

ⓒ 박형준 2023

ISBN
979-11-7101-022-6 74360
979-11-7101-021-9 (세트)

우아한 지적만보, 기민한 실사구시 사람in

초등 로스쿨

우리와 함께하는 법

박형준(변호사) 지음

- ✓ 법은 어쩌다 생긴 거예요?
- ✓ 법은 왜 필요해요?
- ✓ 법을 왜 알아야 해요?
- ✓ 법은 누가 만들어요?
- ✓ 법이 없으면 어떻게 돼요?
- ✓ 옛날에도 법이 있었나요?
- ✓ 법으로 다 해결할 수 있나요?
- ✓ 법을 어기면 어떻게 돼요?

사람in

법을 알면 사회를 보는 눈이 넓어져요!

대학교에서 '현대사회의 이해'라는 교양과목을 강의하시던 교수님으로부터 '법과 현대사회'라는 제목으로 1시간 정도 강의를 해달라는 부탁을 받은 적이 있었습니다. 다수의 학생 앞에서 강의해 본 적이 없어 떨렸고, 어떤 내용으로 강의해야 할지 막연했어요. 고민 끝에 헌법부터 여러 법률까지 어떤 체계를 가지고 있고, 우리 일상생활에 어떻게 작용하는지 큰 틀에서 이야기해 봐야겠다는 생각으로 대략적인 프레젠테이션을 만들어 이를 토대로 강의했죠. 고맙게도 학생 대부분이 진지하게 수업을 들어 주었습니다. 그 덕분에 제가 만든 간략한 프레젠테이션의 내용이 누군가에게 도움이 될 수 있겠다고 생각했습니다.

이 책은 여기에서 출발했습니다. 여러분은 이 책에서 법을 알아가는 여행을 떠나게 될 거예요. 법이 어떻게 태어났는지, 인류의 긴 역사 속에서 법은 어떻게 성장해 왔는지, 현재 우리나라의 법체계가 어떤 모습이고, 법이 우리 생활에 어떻게 작용하고 있는지를 알아가다 보면 법이 생각했던 것보다 여러분 가까이에서 여러분과 함께 살아 숨 쉬고 있음을 깨닫게 될 거예요. 여러분과 함께 사회 속에 어우러져 있는 법을 좋게 만들고 바꿔 나가는 일에는 여러분의 몫도 있어요. 법을 정당하게 만드는 힘은 여러분에게도 있기 때문이죠. 그러한 힘을 여러분 서로가 배려하면서 도움이 되게 사용하면 좋겠습니다.

이 책은 오랫동안 수많은 분이 애써 쌓아온 지식을 바탕으로 한 거예요. 혹여 내용에 실수가 있거나 잘못된 부분은 온전히 제가 부족하기 때문입니다. 이 책이 법의 모든 것을 알려주는 것은 아니에요. 그럴 수도 없고요. 제가 변호사가 된 지 15년이 넘었지만, 잘 모르는 법도 있어요. 다만, 이 책을 통해 법에 대한 상식과 사회를 바라보는 눈이 조금은 넓어졌으면 하는 바람이 있습니다.

어렴풋이 책을 써 봐야겠다는 마음만 있고 행동으로 옮기지 못하고 있을 때, 제가 썼던 변변찮은 글과 시에 공감해 주시고, 작가가 되기를 소망하는 이름 없는 변호사에게 용기를 주셨던 김현 편집장님께 감사드립니다. 이 책이 나오기까지 정성스레 어루만져 주신 사람in 출판사의 모든 분께도 감사드려요. 제가 책을 쓴다는 소식에 애정과 관심으로 지켜봐 준 몇몇 분들께도 감사드립니다. 아침이 되어서야 겨우 얼굴 한 번 보는 날이 계속되었음에도 웃는 얼굴로 격려해 주고 응원해 준 아내와 아들이 있어서 이 책의 마지막 문장에 마침표를 찍고, 이렇게 서문을 쓸 수 있었습니다.

어느 추운 겨울날 사무실에서 이 책의 초고를 마무리하기 위해 생전 처음 밤을 지새우며 첼로로 연주되는 CCM을 계속 들었던 기억이 새롭습니다. 언제나 늘 가까이 계시지만, 그 밤 첼로의 선율로 울려 퍼지던 CCM 속에 함께해 주신 하나님께 영광을 돌립니다. "사람이 마음으로 자기의 길을 계획할지라도 그의 걸음을 인도하시는 이는 여호와시니라."(잠언 16:9)

박 형 준

목차

서문 법을 알면 사회를 보는 눈이 넓어져요! ... 4

1장 법은 무엇을 말하나요?

법은 무엇인가요? ... 13
   법의 전제 조건, 국가 | 국가 강제력의 원천 | 법보다 더 넓은 규범

법과 도덕, 종교, 관습의 차이점은 무엇인가요? ... 17

재미있는 법 이야기 상상의 동물, 해태 ... 19

2장 법은 이렇게 발전해 왔어요

법의 탄생과 변화 과정 ... 23

선사 시대와 법 ... 24

고대 시대와 법 ... 26
   국가의 형성 | 바빌로니아 왕국의 함무라비 법전 | 로마의 12표법 | 로마의 기독교 공인

재미있는 법 이야기 고조선과 8조금법 ... 30

중세 시대와 법　　　　　　　　　　　　　　　　　　　　　31
　　로마법 대전 | 로마 가톨릭 교회와 교회법 | 이탈리아 볼로냐 대학교의 로마법 연구
　　마그나 카르타

　　재미있는 법 이야기 마녀재판과 잔 다르크　　　　　　　　36

근세 시대와 법　　　　　　　　　　　　　　　　　　　　　38
　　왕권신수설 | 인문주의에 기초한 로마법 연구 | 권리청원 | 명예혁명과 권리장전

　　재미있는 법 이야기 경국대전　　　　　　　　　　　　　　43

근대 시대와 법　　　　　　　　　　　　　　　　　　　　　45
　　미국의 독립혁명과 연방헌법 | 프랑스 혁명과 인권선언 | 산업혁명 | 프랑스 민법과 독일 민법
　　일제 강점기에 우리나라에 들어온 유럽 대륙의 법 | 제2차 세계대전

　　재미있는 법 이야기 홍범 14조　　　　　　　　　　　　　51
　　재미있는 법 이야기 사회계약론　　　　　　　　　　　　52

현대 시대와 법　　　　　　　　　　　　　　　　　　　　　55
　　재미있는 법 이야기 단발령과 장발 단속, 교내 두발 자유화　　57

3장 법이 하는 일은 이렇게 다양해요

분쟁 해결　　　　　　　　　　　　　　　　　　　　　　　61
사회 질서 유지　　　　　　　　　　　　　　　　　　　　62
공익 추구　　　　　　　　　　　　　　　　　　　　　　64
정의와 인권 수호　　　　　　　　　　　　　　　　　　　65
　　재미있는 법 이야기 정의의 여신상　　　　　　　　　　66

4장 법에도 형식과 체계가 있어요

존재 형식에 따른 분류 — 69
성문법 | 불문법

다양한 기준에 따른 법의 분류 — 74
실정법과 자연법 | 국내법과 국제법 | 공법, 사법, 사회법 | 일반법과 특별법 | 실체법과 절차법

법의 체계 — 77

재미있는 법 이야기 대륙법계와 영미법계 — 78

5장 대한민국 법 중의 으뜸은 헌법이에요

대한민국 헌법의 역사 — 81

대한민국 헌법의 의의 — 83

대한민국 헌법의 기본원리 — 85
국민주권주의 | 자유민주주의 | 법치주의 | 사회복지국가 | 문화국가 | 국제평화주의
평화통일주의

헌법에 명시된 대한민국의 통치 구조 — 91
대의제 | 권력분립 | 정부 형태 | 대한민국의 통치 구조

헌법의 개정 절차 — 97

헌법재판소가 하는 일 — 99
위헌법률심판 | 헌법소원심판 | 탄핵심판 | 정당해산심판 | 권한쟁의심판

재미있는 법 이야기 "마버리 대 매디슨 사건"(Mabury vs. Madison) — 104

6장 헌법에 보장된 기본권을 누려요

인권과 기본권   109

인간의 존엄과 가치, 행복추구권   110

평등권   112

　재미있는 법 이야기　미국 연방대법원의 평등권에 관한 판결   114

자유권   117
　　신체의 자유 | 양심의 자유 | 종교의 자유 | 학문·예술의 자유 | 언론·출판의 자유, 집회·결사의 자유
　　주거의 자유 | 사생활의 비밀과 자유 | 통신의 자유 | 재산권 | 직업 선택의 자유 | 거주·이전의 자유

참정권   133
　　선거권 | 공무담임권

사회권   136
　　인간다운 생활을 할 권리 | 교육받을 권리 | 근로의 권리 | 근로 3권 | 환경권
　　혼인과 가족에 관한 권리 | 보건에 관한 권리

청구권   143
　　청원권 | 재판청구권 | 국가배상청구권 | 형사보상청구권 | 범죄피해자구조청구권

기본권의 제한   148

　재미있는 법 이야기　국민의 기본 의무   150

7장 법령은 아무나 만들고 바꿀 수 없어요

국회만이 만들고 바꿀 수 있는 법률   153

대통령과 행정부가 만드는 명령   155
　　대통령령 | 총리령 및 부령

지방자치단체에서 만드는 조례와 규칙   157

| 재미있는 법 이야기 | 형벌의 종류 | 158 |
| 재미있는 법 이야기 | "유전무죄, 무전유죄(?)" | 160 |

8장 우리 주변에서도 여러 법이 작동하고 있어요

사회 구성원 사이에 작동하는 법 … 163
민법 | 상법 | 주택임대차보호법, 상가건물 임대차보호법 | 근로기준법, 산업안전보건법
저작권법 | 약관의 규제에 관한 법률

범죄행위에 작동하는 법 … 172
형법 | 도로교통법 | 특정범죄 가중처벌 등에 관한 법률 | 성폭력범죄의 처벌 등에 관한 특례법
아동·청소년의 성보호에 관한 법률 | 소년법

정부·지방자치단체 등의 행정작용에 작동하는 법 … 182
식품위생법 | 공중위생관리법 | 건축법

| 재미있는 법 이야기 | 변호사, 검사, 판사는 무슨 일을 할까요? | 185 |

9장 억울해요, 법으로 해결할래요!

민사소송 … 191
민사소송의 과정

형사소송 … 194
형사소송의 과정

행정심판과 행정소송 … 197
행정심판 | 행정소송

그 밖의 소송 … 199
가사소송 | 특허소송 | 선거소송, 당선소송

| 재미있는 법 이야기 | 국민참여재판 | 201 |
| 재미있는 법 이야기 | 국선변호인 | 203 |

10장 오판의 가능성을 막아요

사법권의 독립 　　　　　　　　　　　　　　　　　　　　207
심급제 　　　　　　　　　　　　　　　　　　　　　　　209
　　법원의 종류 | 심급제
재심 　　　　　　　　　　　　　　　　　　　　　　　　213
　　재미있는 법 이야기　드레퓌스 사건과 삼례 나라슈퍼 사건　215

11장 법은 현대 사회와 밀접한 관계가 있어요

대한민국 사회 구조의 뼈대 형성 　　　　　　　　　　　221
대한민국 사회와 상호작용 　　　　　　　　　　　　　　223
　　살인죄 공소시효 폐지 | 영화 사전검열 & 셧다운제 폐지 | 청탁금지법 시행
국가가 사회에 개입하는 근거와 한계 　　　　　　　　　227
권리구제 수단 　　　　　　　　　　　　　　　　　　　228
국제 사회와의 교류 　　　　　　　　　　　　　　　　　230
　　재미있는 법 이야기　남극조약, 우주조약　　　　　　232

참고 문헌 　　　　　　　　　　　　　　　　　　　　234

1장

법은
무엇을 말하나요?

법은 무엇인가요?

　뉴스를 보면 '아동복지법' 위반이라느니 교통법 위반이라느니 하는 '법'들이 자주 나옵니다. 이 법은 무엇일까요? 법의 뜻을 간단하게 '국가의 강제력이 뒤따르는 사회 규범'이라고 소개해 볼게요. 몇 개 안 되는 단어라 법의 뜻이 간단한 것 같지만, 이 단어 안에 숨어 있는 법의 진정한 모습은 많은 이야기를 해야 드러난답니다.

　여러분이 처음 만나는 사람에게 자신이 누구인지 설명할 때 자신의 특징을 짧게 이야기할 수 있을 거예요. 하지만 그건 여러분의 일부를 나타낼 뿐이지 본 모습을 정확하게 표현하는 것은 아니잖아요. 다른 사람이 여러분에 대해 잘 알고 이해하려면 어떻게 해야 할까요? 맞아요. 많은 시간과 대화가 필요하겠죠. 그래야 상대방이 여러분이 진짜 멋진 친구라는 것을 알게 될 테니까요. 반대로 여러분이 처음 만난 친구를 겉모습만 보고 판단하면 그 친구의 진정한 모습을 확인할 수 없겠지요?

　마찬가지로 '국가의 강제력이 뒤따르는 사회 규범'이라는 법의 뜻은 법의 특징을 짧게 표현한 것일 뿐이에요. 이것만으로는 법이 정확하게 무엇인지 모두 나타낸다고 볼 수 없어요. 법이 정확하게 무엇인지 알려면 법을 여러 관점에서 살펴봐야 합니다. 그럼 앞에서 소개한 법의 뜻에 나오는 단어가 무엇을 뜻하는지 찬찬히 살펴보면서 법의 진짜 모습을 알아보기로 해요.

법의 존재 조건, 국가

여러분과 저는 대한민국이라는 국가의 국민이에요. 우리가 사는 땅을 한반도라고 하는데, 대한민국 국민은 대부분 한반도와 그 주변 섬에서 살고 있어요. 한반도와 그 주변의 섬을 영토라고 합니다. 국가의 의사를 최종적으로 결정하는 최고 권력을 주권이라고 하는데, 대한민국의 의사 결정은 다른 나라에 종속되어 있지 않고 대한민국 스스로 행사하고 있어요. 이처럼 국가는 국민, 영토, 주권으로 구성되는데, 이를 국가의 3구성 요소라고 합니다. 여기서 하나라도 빠지면 국가라고 할 수 없어요.

국가가 강제력을 동반해 법을 집행하기 때문에, 법은 국민, 영토, 주권으로 구성된 국가를 전제로 하고, 그 국가 내에서 힘을 발휘합니다.

국가 강제력의 원천

영어 학원에 다니기 싫은데 부모님이 억지로 다니게 해요. 이렇게 하고 싶지 않은 일을 하게 하는 것을 강제한다고 하고, 강제하게 하는 힘을 강제력이라고 해요. 법은 국가의 강제력을 동반하는데, 국가의 강제력이 있다는 것은, 법을 지키지 않았을 때 국가가 일정한 제재를 할 수 있다는 겁니다. 제재란 처벌이나 금지하는 것을 의미하지요. 국가는 제재를 통해 강제력을 확보하고 있습니다.

여기서 생각해 봐야 할 것이 있어요. 국가가 이렇게 강제력을 행사할 수 있게 해 주는 힘의 원천은 어디일까요? 다시 말해 법의 정당성은 어디에서 오는 것일까요? 정답을 먼저 말하자면 바로 국민입니다. 그 이유에 관해서는 뒤에서 차차 이야기할 거예요. 아무튼 법의 정당성이 여러분과 저 같은 국민이라는 사실이 정말 근사하지 않나요?

법보다 더 넓은 규범

법은 사회 규범의 한 부분을 차지합니다. 법이 사회 규범의 한 부분이라고 할 때 사회 규범은 뭘까요? 먼저, 사회 규범에서 사회는 같은 목적을 가진 사람들이 모여서 생활하는 형태를 말합니다. 여기에는 가정, 학교, 교회 등의 종교 단체, 회사, 정당 등이 포함돼요. 여기서 더 나아가면 큰 의미로 국가도 사회라고 볼 수 있어요. 규범이란 사람이 행동하고 판단할 때 마땅히 따르고 지켜야 할 기준, 원칙을 일컫는 말입니다. 그렇다면 사회 규범이란 사람들이 자신이 살고 있는 그 사회가 건강하게 유지되도록 마땅히 따르고 지켜야 할 기준, 원칙을 말하겠죠?

여러분과 부모님이 구성원으로 있는 가정 공동체가 화목하게 지내기 위해서는 각자가 지켜야 할 기준이 있고, 건강한 학교 생활을 위해서는 학생과 교사가 지켜야 할 기준과 원칙이 있어요. 교회 등 종교 단체도 십계명을 비롯한 교리 등 종교인과 신자가 행동하고 판단할 때 따라야 할 원칙이 있습니다. 국가도 마찬가지예요. 국가를 구성하는 국민이 국가의 안정과 질서유지를 위해 지켜야 할 기준과 원칙인 법이 있어요. 이러한 기준과 원칙들을 모두 합해서 사회 규범이라고 해요. 즉, 사회 규범에는 법 외에 도덕, 종교, 관습도 해당합니다.

법과 도덕, 종교, 관습의 차이점은 무엇인가요?

    법이 사회 규범에 포함된다고 했는데, 그렇다면 다른 사회 규범인 도덕, 종교, 관습과의 차이는 무엇일까요? 법은 '국가의 강제력이 뒤따르는 사회 규범'이라고 했어요. 법과 다른 사회 규범과의 근본적인 차이점은 법이 국가의 강제력을 동반한다는 것입니다. '국가의 강제력'이 있다는 것은 법을 지키지 않았을 때 국가가 그에 대한 처벌이나 뭔가를 금지할 수 있다는 것이죠. 이 말은 도덕, 종교, 관습 등은 지키지 않았을 때 해당 공동체에서 비난받을 수는 있지만 국가가 강제해 처벌이나 금지를 할 수 없다는 뜻이기도 합니다.

    이렇게 법이 다른 사회 규범인 도덕, 종교, 관습 등과 구별되기는 하지만, 그렇다고 아무런 관련이 없다고 할 수는 없어요. 도덕, 종교, 관습 등의 사회 규범도 한 국가의 질서유지에 일정한 관여를 해 왔고, 법과 서로 소통하고 있기 때문이에요.

    예를 들어, 우리는 "다른 사람의 물건을 훔치면 안 된다"라는 규범은 누구나 마땅히 지켜야 할 도덕이라고 생각해요. 그런데 이건 법에서도 금지하고 있어요. "다른 사람의 물건을 훔치면 안 된다"라는 내용은 범죄와 형벌을 다루는 법인 형법에 담겨 있는데, 이러한 금지를 어기면 형벌이라는 제재를 받게 돼요. 형벌이라는 말이 나오니까 갑자기 법이 무섭게 느껴지나요? 아니에요. 오히려 법은 잘못을 한 사람으로부터 선량한 국민을 보호하는 역할을 하는 고마운 친구라고 볼 수 있어요.

> 재미있는 법 이야기

상상의 동물, 해태

    법은 한자로 쓰면 法인데, 이것을 풀어 보면 '물 氵(수) + 갈 去(거)'입니다. 그런데 법이라는 한자의 원래 모습은 '물 氵(수), 갈 去(거), 해태 廌(치)'가 합쳐진 글자였다고 해요. 해태라는 상상 속 동물은 '해치'라고도 불리는데, 옳고 그름을 판단할 줄 아는 동물이었다고 합니다. 그래서 원래 법을 나타내는 한자는 해태가 물처럼 조용히 판단해 잘못하거나 틀린 상대를 들이받는다는 뜻의 灋였다고 해요. 그런데 글자가 너무 복잡하죠? 그래서 해태를 나타내는 廌는 빼고 현재의 한자만 쓰기로 한 거랍니다.

    우리나라에 있는 여러 해태 상을 보면 머리의 뿔 모양이 잘 드러나 보이지 않는 경우가 있어요. 우리나라에서 볼 수 있는 해태와 달리, 중국의 해태는 사자 같기도 하고 큰 코에 수염이 달렸어요. 또 들이받을 수 있게 이마에 큰 뿔 하나가 있는 게 특징입니다. 해태를 영어로는 unicorn-lion(외뿔 달린 사자)이라고 합니다.

이 해태와 관련해 중국에서 아주 오래전부터 전해오는 이야기가 있어요. 다툼을 벌이게 된 사람이 재판을 담당하는 사람에게 찾아오면, 이 재판관은 다툼을 벌이는 당사자들에게 해태 앞에서 각자의 주장을 말하라고 합니다. 그러면 해태는 당사자들의 주장을 가만히 들으면서 지켜보다가 잘못을 저지른 사람이나, 거짓말하는 사람을 정확히 구별해 그 사람에게 달려가 뿔로 들이받거나 물었다고 해요. 이 이야기만 들으면 해태가 무섭게 보일 수도 있지만, 해태는 옳고 그름을 판단해 잘못을 저지른 사람에게만 벌을 주었대요. 그러니 잘못이 없는 사람, 정직한 사람을 보호하는 역할을 했다고 볼 수 있지요. 마치 법이 잘못한 사람으로부터 그렇지 않은 사람을 보호하는 것처럼 말이에요. 해태가 상상의 동물이기는 하지만 항상 같이 다니고 싶은 마음이 드네요.

2장

법은 이렇게 발전해 왔어요

법의 탄생과 변화 과정

　법은 언제 처음 생겨났을까요? 또 어떻게 생겨났을까요? 일반적으로 법은 국가가 생기면서 태어났다고 보기는 해요. 하지만 구체적으로 국가가 언제 처음 생겨났는지, 법이 언제 어디서 시작되었는지 정확하게 이야기하기는 어려워요. 현재로부터 아주 먼 과거의 일이고, 기록이 명확하게 남아 있지 않기 때문입니다. 법이 언제 어떻게 태어났는지 정확하게 되짚기는 어렵지만, 법의 진짜 모습을 이해하기 위해 어느 정도 상상력을 동원해서 법이 태어났을 때를 이야기해 보려고 해요. 법이 태어난 이후, 법이 어떻게 성장하고 대한민국으로 건너왔는지 알아볼게요.

선사 시대와 법

고고학을 연구하는 학자들에 따르면 약 400만 년 전에 현재 인류의 조상이라고 하는 오스트랄로피테쿠스가 등장했고, 현재 인류와 같은 호모 사피엔스는 약 20만 년 전에 출현했다고 해요. 이 당시에는 사람들이 주로 산이나 들에서 먹을 수 있는 식물, 열매 등을 채취하고 짐승을 사냥하거나 강에서 물고기를 잡기도 하면서 생활을 했답니다. 먹을 것을 구하기 위해 서로 도움을 주고받다 보니 자연스레 집단을 이루었고, 식량이 풍부한 곳을 찾아 이동하는 삶을 살았죠. 그러다 1만 년 전부터는 밭을 갈아 농사를 짓는 농경이 시작되었는데, 이를 농업혁명이라고 부르기도 해요. 농사가 시작되면서 사람들이 한곳에 정착하기 시작했고, 정착한 사람들의 수가 많아지기 시작했지요.

그런데 이런 농업혁명이 일어나기 약 2,000년 전에 지어진 것으로 보이는 신전이 1994년 튀르키예(터키)에서 발견됐어요. 튀르키예의 괴베클리 테페라는 곳에서 원형으로 배치된 T자 모양의 커다란 돌기둥들로 이루어진 종교 시설이 발견된 거예요. 이 종교 시설은 신을 숭

배하던 장소였을 거라고 추정되는데, 일종의 신전이라고 할 수 있습니다.

튀르키예의 괴베클리 테페에서 신전이 발견되기 전까지는 농업혁명을 시작으로 공동체가 한곳에 정착했고, 그 정착지의 인구가 늘어나면서 도시가 형성되었을 것이라는 의견이 일반적이었습니다. 그러나 괴베클리 테페의 신전이 발견된 이후에는 새로운 해석이 등장했어요. 즉, 종교적인 목적에 의해서 공동체가 한곳에 정착하기 시작했고, 한곳에 정착하기 위해서는 많은 양의 식량 공급이 꼭 필요하기 때문에 농업이 시작되었다고 해석하는 견해가 나타난 거예요. 이전과 달리, 종교가 농업보다 먼저 생겨났다고 보는 해석이었지요.

사람들이 집단을 이루어 살기 시작하면서 자연스럽게 공동생활에 필요한 규범들이 생겼을 것이라는 점에 대해서는 위 두 견해가 같아요. 또 농업 생산량이 증가하면서 한곳에 정착하는 인구가 많이 늘어나 도시가 형성되었다는 점에서도 같다고 봅니다. 나아가, 두 번째 견해에 따르면 종교라는 규범이 공동체에 큰 영향을 미치고 있었고 집단 내의 질서에 많이 관여하고 있었다는 것을 가늠할 수 있겠지요. 종교 규범이 법과 같은 역할을 했다고 볼 수 있어요.

고대 시대와 법

(기원전 4000년경부터 기원후 476년까지)

국가의 형성

도시가 형성되면서 이집트 문명, 메소포타미아 문명, 인더스 문명, 황하 문명이 등장하게 됩니다. 이들 4대 문명에서 도시국가가 나타나게 되고, 도시국가들이 교역과 전쟁을 통해 합쳐지기도 하면서 거대한 국가가 형성되었어요. 이런 모습으로 국가가 형성되면서 그 이전에 작용하던 종교, 관습을 비롯한 여러 규범 중 일부가 법으로 변하게 된 것으로 보여요. 즉, 국가가 강제력을 동원하는 규범인 법으로 바뀌었다는 것이죠.

바빌로니아 왕국의 함무라비 법전

고대 국가 중 바빌로니아 왕국의 법을 살펴볼게요. 메소포타미아 문명은 기원전 3000년경 수메르인에 의해서 티그리스강과 유프라테스강 사이에 있는 메소포타미아에서 발생했어요. 메소포타미아는 현재의 이라크를 중심으로 시리아, 튀르키예, 쿠웨이트, 이란의 일부 지역을 포함한 곳입니다. 이후, 기원전 2000년경에 바빌로니아 왕국이 나타났는데, 기원전 1800년경 바빌로니아 왕국의 6대 왕인 함무라비 왕이 메소포타미아 전체를 통일했어요. 기원전 1776년경 함무라비 왕은 수메르인이 만들었던 법을 비롯해 메소포타미아 지역에 있던 모든 법을 다 모아서 함무라비 법전을 만들었어요.

함무라비 법전은 현재까지 완전한 형태로 남아 있는 법전 중 가장 오래된 법전이에요. 높이 2.25미터의 둥근 현무암 기둥에 쐐기문자로 기록되어 있는데, 전문과 282개의 조문(조항)으로 이루어져 있어요. 함무라비 법전에 따르면 귀족, 평민, 노예의 계급제도가 있었어요. 한 귀족이 다른 귀족의 눈을 멀게 하거나 뼈를 상하게 하면, 눈을 멀게 하거나 뼈를 상하게 한 귀족에게도 동일하게 눈을 멀게 하거나 뼈를 상하게 한다는 내용이 있어요. "눈에는 눈, 이에는 이"라는 말로 표현되는 동해보복(똑같이 해를 입혀 보복하다)의 생각이 담겨 있는 것이죠. 그런데 귀족이 평민을 다치게 했을 때는 귀족이 평민에게 돈을 배상하면 된다는 내용도 있어요. 귀족과 평민의 위치가 평등하지 않고, 귀족이 더 높은 지위에서 많은 이익을 누리고 있었던 것이죠.

로마의 12표법

　로마는 기원전 753년에 세워졌어요. 로마에서 12표법이라고 불리는 로마 최초의 성문법(글로 적힌 법)은 기원전 450년에 제정되었어요. 로마에도 귀족, 평민, 노예의 계급제도가 있었는데, 12표법이 제정되기 전 로마 사회는 예전부터 내려온 관습이 법으로 운용되고 있었습니다. 그런데 이 관습을 어떻게 해석할 것인가가 늘 문제였어요. 로마 귀족들이 자신들에게 이익이 되는 방향으로 관습을 해석하고 적용하자, 로마 평민들은 반발할 수밖에 없었습니다. 귀족들은 평민들의 불만을 잠재우기 위해 10명으로 구성된 위원회에게 법을 만들도록 했고, 이렇게 만들어진 법이 12표법이에요.
　12표법은 모든 사람이 볼 수 있게 12개의 판에 새겨져 광장에 세워졌다고 해요. 12표법의 내용을 보면 사실 귀족들에게 유리한 내용들이었다고 합니다. 다만, 모든 사람이 법의 내용이 무엇인지 알게 되었기 때문에 귀족들이 마음대로 법을 해석하지 못하게 했다는 긍정적인 면은 있었다고 볼 수 있지요.

로마의 기독교 공인

　12월 25일은 예수님이 태어난 크리스마스예요. 우리는 자유롭게 교회나 성당에 가서 예배나 미사를 드릴 수 있지만, 아주 먼 옛날에는 그럴 수가 없었어요. 기독교(가톨릭)를 믿으면 박해를 받고는 했지요. 그러다 예수님이 태어난 후인 기원후 313년 로마 황제 콘스탄티누스가 밀라노 칙령을 통해 기독교를 공식 인정했어요. 기원후 392년에는 테오도시우스 황제가 기독교를 로마의 국교로 확정하기까지 했답니다. 국가가 교회의 보호자가 되어 교회를 성장시켜 나갔던 것이죠. 그러다 보니 유럽에서 넓은 영토를 가진 로마의 기독교가 유럽 전역에 뿌리 깊게 정착되고, 유럽 문화의 토대가 되었어요. 법은 한 사회의 문화로부터 영향을 받아 생성되고 발전하는데, 기독교의 성경이 유럽 대륙법의 사상적 기초가 되고 전통이 된 것이죠.

재미있는 법 이야기

고조선과 8조금법

우리나라 최초의 국가인 고조선은 기원전 2333년에 건국됐다고 해요. 고조선에는 우리나라 최초의 성문법으로, 8개 조항으로 이루어진 8조금법이 있었습니다. 8조금법의 모든 내용이 전해지지는 않지만, 중국의 역사서 《한서》의 한 편인 《지리지》에 3개 조항이 기록되어 있어요. 그 내용은 다음과 같습니다.

① 사람을 죽인 자는 즉시 사형에 처한다.
② 남을 다치게 한 자는 곡물로 배상한다.
③ 남의 물건을 훔친 자는 노비로 삼고, 노비에서 풀려나려면 50만 전을 내야 한다.

사람을 죽인 자는 그대로 사형에 처하는 것으로 보아 고조선에서도 "눈에는 눈, 이에는 이"라는 생각이 있었고, 살인을 엄하게 처벌했다는 점을 알 수 있습니다. 남을 다치게 한 사람은 곡물로 배상하게 한 것으로 보아 당시 고조선은 농경사회였던 것을 알 수 있죠. 남의 물건을 훔친 사람을 노비로 삼았다는 것에서는 고조선이 계급사회였다는 것도 알 수 있어요.

고조선의 8조금법이 바빌로니아 왕국의 함무라비 법전보다 늦게 생겼지만, 우리나라에도 오래된 성문법이 있었다는 점에서는 어깨가 으쓱 올라가요. 다만, 8조금법의 모든 내용이 전해지지 않아서 좀 안타까워요.

중세 시대와 법

(476년부터 1453년까지)

로마는 기원후 395년경에 서로마 제국(서유럽)과 동로마 제국(동유럽)으로 나뉘어요. 그러다 476년, 서로마 제국은 게르만족에게 멸망당합니다. 하지만 동로마 제국은 1453년까지 존속했어요.

통상적으로 서로마 제국이 멸망한 476년부터 동로마 제국이 멸망한 1453년까지를 중세 시대라고 부릅니다.

로마법 대전

동로마 제국의 수도는 콘스탄티노플이었는데, 옛날 이름이 비잔티움이어서 비잔틴 제국이라고도 불러요. 콘스탄티노플은 현재 튀르키예의 이스탄불이에요. 동로마 제국의 유스티아누스 황제는 529년부터 534년 사이에 그 당시 혼란스러웠던 법 상태를 정리해서 법전을 만들었어요. '유스티아누스 법전' 또는 '로마법 대전'이라고 부른답니다. 로마법 대전은 크게 학설휘찬, 법학제요, 칙법휘찬으로 구성되어 있어요. 학설휘찬은 법학자들의 학설을 모아 만든 법전이에요. 법학제요는 법학을 처음 배우기 시작한 사람과 관리들을 위한 법 입문서이고요. 칙법휘찬은 역대 로마 황제들이 만든 법과 유스티아누스 황제가 만든 법을 중복되거나 모순되지 않게 정리해 만든 법전입니다. 학설휘찬, 법학제요, 칙법휘찬은 법으로서의 효력이 있었어요. 특히 학설휘찬에는 로마법 사상, 법 제도, 법 원리들이 응집돼 있었다고 해요.

로마 가톨릭 교회와 교회법

고대 로마에서 기독교를 공인하고 기독교가 국가의 종교로 인정된 후, 로마 가톨릭 교회의 영향력은 상당히 키졌어요. 심지어 왕이 즉위할 때는 로마 가톨릭 교회의 대표자인 교황의 승인을 받아야 정당성이 인정되기도 했습니다. 이러한 영향력으로 인해 로마 가톨릭 교회의 성직자는 유럽 사회의 지배 계층이 되었어요. 한편, 기독교는 성경에 기초를 두고 있어요. 성경책은 일종의 법전이었는데, 이를 토대로 로마 가톨릭 교회 내부의 교회법이 성립되어 나갔고, 교회법은 로마법에 영향을 주어, 로마법의 여러 법 제도들이 교회법으로부터 생성되고 발전되었어요. 반대로 로마법이 교회법에 영향을 주기도 해서 교회법 나름의 독자적인 체계를 형성해 나갔지요. 교회법을 국가의 법과 구별하기 위해서 국가의 법을 세속법이라고 칭했어요. 국가의 뒷받침 속에 교회법에 근거한 교회 법원이 혼인과 관련된 사건을 재판하기도 했답니다. 심지어 로마 가톨릭 교회는 종교재판소를 설치해서 교회의 정통 교리와 다른 주장을 하는 이단과, 다른 종교를 믿는 이교도를 종교 범죄를 저지른 죄인으로 처벌하기도 했어요.

이탈리아 볼로냐 대학교의 로마법 연구

12세기에 들어와 이탈리아의 볼로냐 대학교가 로마법 연구의 중심이 되었어요. 이 당시 경제 중심지였던 볼로냐에 법학을 공부하려는 유럽 각지의 학생들이 모여 법학자를 초빙해 수업을 듣기 시작했고, 수업을 듣던 학생들이 중심이 되어 대학교를 설립하기까지 했어요. 볼로냐 대학교 학생들은 타국에서 온 유학생들이 많았는데, 경제적 능력이 있는 귀족의 자녀들이었지요. 유럽 각지의 귀족 자녀들이 볼로냐 대학교에 온 것은 법학을 공부해서 귀족의 지위를 계속 누릴 수 있는 방법을 찾기 위해서였어요. 또 귀족들이 가지고 있는 힘을 정당화하기 위한 방법을 강구하려는 목적도 있었고요. 적게는 1,000명 많게는 10,000명의 유학생이 있었다는 주장도 있어요. 볼로냐 대학교에서는 세속법인 로마법뿐만 아니라 교회법도 가르쳤어요. 볼로냐 대학이 번성하자, 로마법을 가르치고 연구하는 대학교들이 새로 생겨났어요. 이로 인해 볼로냐 대학교는 쇠퇴의 길을 걸었지만, 로마법을 연구하는 것이 하나의 문화 현상이 되었고, 이런 문화는 유럽 전역에 퍼져 나갔어요. 또 볼로냐 대학교에서 공부한 유학생들이 본국으로 돌아가 로마법을 전했어요. 이렇게 해서 유럽 전역에서 로마법을 받아들이면서 로마법이 각자의 법에 반영되었답니다.

마그나 카르타

13세기에 이르러 섬나라 영국에서 법과 관련해 중요한 사건이 발생합니다. 1215년 영국을 다스리던 존 왕은 귀족과의 싸움에서 졌어요. 승리한 귀족들은 존 왕에게 '귀족들의 동의를 거치지 않으면 세금을 부과할 수 없고, 자유민은 재판 또는 국법에 의하지 않고 처벌하거나 재산권을 박탈할 수 없다'라는 등의 내용이 담긴 문서에 서명하라고 했어요. 존 왕은 귀족들이 요구한 문서에 서명할 수밖에 없었지요. 이 문서가 바로 마그나 카르타(Magna Carta)입니다.

라틴어로 마그나는 '크다'라는 뜻이고, 카르타는 '권리를 기재한 글'이라는 의미인데, 그래서 마그나 카르타를 우리말로 '대헌장'이라고 부르기도 해요. 마그나 카르타에 쓰여 있는 자유민에는 봉건제도 최하위에 있는 농노는 포함되지 않았어요. 마그나 카르타는 귀족들의 권리를 강화하는 내용이었으니까요. 그렇지만 왕에게 있는 강력한 권한을 견제해, 법이 왕보다 우선하고 개인의 자유에 대한 제재는 법에 따라야 한다는 원칙을 담고 있다는 점에서 오늘날의 법치주의를 선언한 것이라고 보고 있습니다.

> **상식사전**
>
> ### 봉건제도
>
> 서로마 제국이 있던 서유럽에는 게르만족이 세운 프랑크 왕국이 481년경에 들어섰는데, 이때부터 봉건제도가 시작되었어요. 이후 중세 말기까지 봉건제도는 유럽의 기본적인 체제로 자리 잡았지요.
>
> 봉건제도는 왕이 기사들에게 국가의 땅을 나눠 주고, 기사들은 그 대가로 왕에게 충성을 맹세하는 관계가 맺어진 제도를 말합니다. 왕으로부터 땅을 받은 기사들은 각자 받은 땅의 영주가 되어 그곳을 다스렸어요. 그 영주의 땅에서 농사를 지어 생계를 꾸려 나간 사람들을 농노라고 합니다. 이렇게 영주들마다 각자 자기만의 방식으로 다스리다 보니 국가 전체의 통일된 법이 없었지요. 영주들은 왕의 눈치를 보지 않고 농노들로부터 많은 세금을 거둬들였어요. 세금을 못 내면 살림살이까지 빼앗아 갔지요. 이러다 보니 영주의 지배를 받는 농노들은 더욱 가난해질 수밖에 없었고, 그 삶은 너무나 힘들고 비참했답니다.

재미있는 법 이야기

마녀재판과 잔 다르크

    12세기 말부터 로마 가톨릭 교회는 교회의 정통 교리와 다른 주장을 하는 이단과, 다른 종교를 믿는 이교도를 종교 범죄를 저지른 죄인으로 처벌하기 시작했습니다. 그러다 점차 이단과 이교도들을 잘못된 교리를 전파해 국가 질서를 뒤흔드는 반역 죄인으로 다루어 그 처벌을 강화하기 시작했어요. 이를 위해 13세기 유럽 각 지역에 종교재판소가 설립되었고, 종교재판소의 재판관들은 교회를 보호한다는 명분으로 막강한 힘을 휘두르기 시작했어요.

    이렇게 시작한 종교재판소는 15세기부터 본격적으로 마녀사냥을 시작합니다. 종교재판소에 불려간 사람들은 대부분 가장 힘없고 가난한 집의 여성들이었어요. 이 사회적 약자들은 아무 근거도 없이 고발과 의혹만으로도 종교재판을 받았습니다. 이 종교재판의 가장 큰 문제는 이 여성들이 마녀인지 아닌지를 판결하는 기준이 로마 가톨릭 교회의 해석, 더 나아가 종교재판을 담당하는 성직자의 생각에 달려 있다는 것이었죠. 잡혀 온 여성이 마녀인지 아닌지는 성직자의 성향이 어떤지, 어떤 생각을 하면서 살아왔는지, 또는 권력자들의 정치적 이해관계에 따라 자의적으로 결정되었어요.

    마녀로 지목되어 종교재판을 받게 되면 그 사람은 자신이 마녀가 아니라는 점을 입증해야 했어요. 또 재판 비용도 부담해야 했고요. 당시에는 마녀를 판별하기 위해 마녀로 의심되는 여성의 몸을 묶어 자루에 넣은 뒤 무거운 돌을 매달아 물에 빠뜨리기도 했습니다. 마녀라면 물에 뜰 것으로 생각했던 겁니다. 무거운 돌을 매달아 물에 빠뜨렸는데 물에 뜰 리가 없겠죠. 여성은 그대로 물에 가라앉아 죽을 수밖에 없었고, 혹여 물 위에 뜨면 마녀로 판별되기에 화형을 당할 수밖에 없었어요. 이 외에도 마녀로 지목된 사람 스스로 마녀라고 말하게 하려고 악랄한 방법들이 동원되었어요. 종교재판소와 마녀사냥의 흔적은 유럽 곳곳에 남아 있는데, 마녀사냥으로 죽은 사람이 수십만 명에 이른다고 합니다.

마녀재판 하면 생각나는 사람이 있지요. 바로 프랑스의 잔 다르크입니다. 잔 다르크는 영국과 프랑스의 백 년 전쟁을 프랑스의 승리로 이끈 영웅이에요. 참고로 백 년 전쟁이라고 해서 백 년 동안 계속 전쟁이 있었던 것은 아니고, 중간 중간에 전쟁을 멈춘 휴전 기간도 있었어요. 영국과 프랑스 간의 백년 전쟁은 1337년에 시작해서 1453년에 종료되었어요. 백년 전쟁 후반부에 영국은 프랑스의 수도 파리는 물론 프랑스 왕의 대관식이 열리는 랭스까지 점령했고, 프랑스는 위기에 처했어요. 이때 잔 다르크 덕분에 다시 승기를 잡아 위기에서 벗어났어요. 프랑스가 승기를 잡고 있을 무렵인 1430년 5월, 잔 다르크는 영국에 포로로 잡혔고, 프랑스는 이를 외면했지요. 잔 다르크는 1431년 2월 21일, 종교재판소의 공개 재판을 받아 반역과 이단 혐의를 덮어쓰고 1431년 5월 31일 화형을 당했습니다. 영국과 프랑스, 로마 가톨릭 교회의 정치적 목적 때문에 희생된 거예요.

안타깝지만 다행스럽게도 1456년 7월 7일에 잔 다르크에 대한 판결이 무효가 되었고, 잔 다르크는 마녀가 아니라고 선언되었어요. 2000년 3월 5일, 로마 교황청은 교황 요한 바오로 2세의 지시에 따라 [회상과 화해: 교회의 과거 범죄]라는 문건을 발표해 과거 교회가 저지른 각종 잘못을 최초로 공식 인정했습니다.

근세 시대와 법
(15세기부터 17세기까지)

● **왕권신수설**

신 중심에서 인간 중심으로 돌아가자는 르네상스 운동과, 진정한 신앙을 회복하자는 종교개혁으로 인해 유럽 국가들에 대한 로마 가톨릭 교회의 지배력이 약화되었어요. 대신 왕의 권력이 더 커지게 되었지요. 왕의 힘은 누구의 제약도 받지 않고 절대적이라는 절대주의 국가가 시작된 것입니다. 절대주의 국가의 정통성을 옹호하기 위해 왕의 권력은 신으로부터 받은 것이라는 왕권신수설을 이론적 무기로 삼았습니다.

영국 왕 헨리 8세는 왕비 캐서린과 이혼하고 캐서린의 시녀였던 앤 불린과 재혼하려고 했어요. 그런데 로마 가톨릭 교회가 헨리 8세의 이혼을 반대했어요. 그러자 헨리 8세는 영국 교회를 로마 가톨릭 교회로부터 분리하기 위한 계획을 세우고, 1534년 영국 의회는 영국 왕을 영국 교회의 수장으로 한다는 수장법을 제정해요. 이로써 영국

교회는 로마 가톨릭 교회와 결별하고 독자적인 길을 걷게 되었어요. 이때부터 영국 교회를 영국 국교회라고 불렀고, 성공회라고도 합니다. 한편, 로마 가톨릭 교회와 영국 국교회의 권위주의적 신앙에 반대하던 기독교인들이 있었는데, 이러한 기독교도를 청교도라고 불렀습니다.

1603년에 영국 왕에 오른 제임스 1세는 왕은 신의 대리인이고, 왕의 힘에는 제한이 없다는 왕권신수설을 주장했어요. 제임스 1세는 청교도와 로마 가톨릭교를 모두 탄압하면서 영국 국교회를 강요했지요. 청교도들은 종교의 자유를 찾아 1620년 메이플라워호를 타고 미국으로 건너가게 되었습니다.

프랑스에서는 프랑스 왕 앙리 4세가 1589년 왕은 신의 대리인으로 신을 제외하고 왕의 힘에는 제한이 없다는 왕권신수설을 확립했어요. 프랑스의 절대주의는 루이 14세에 이르러 최고조에 달했는데, 루이 14세는 자신이 직접 국가를 다스렸고, 국가 권력의 핵심 그 자체가 되었습니다. 이처럼 절대주의 국가의 왕은 법 위에 군림하려 했어요.

인문주의에 기초한 로마법 연구

16세기에는 르네상스 운동과 뜻을 같이하는 인문주의(휴머니즘)에 기초한 로마법 연구가 시작되었습니다. 이 시기의 로마법 연구는 프랑스와 독일이 중심이 되었어요. 12세기 이탈리아 볼로냐 대학의 로마법 연구의 대상은 주로 로마법 대전이었는데, 16세기의 로마법 연구는 로마법 대전이 제정되기 이전의 로마법에 대해서 주로 이루어졌어요. 이 시기의 로마법 연구는 인간의 자유에 관한 생각과 결합해서 프랑스와 독일의 법에 반영되었어요.

권리청원

영국 왕 제임스 1세의 뒤를 이은 찰스 1세는 절대주의를 주장했던 제임스 1세보다 더 마음대로 통치를 했어요. 이를 보다 못한 영국 의회는 1628년, 찰스 1세에게 의회의 승인 없이는 세금을 징수할 수 없고, 법률에 의하지 않고는 시민을 구속할 수 없다는 등의 내용이 담긴 요구 사항을 청원하는 형식으로 제안했고, 찰스 1세는 이 청원을 받아들였어요. 이를 권리청원이라고 합니다. 이 권리청원의 내용은 1215년의 마그나 카르타와 비슷했는데, 1628년의 권리청원은 1215년 마그나 카르타에서 선언된 귀족의 권리를 시민의 권리로 확장했다는 점에 큰 의의가 있어요.

명예혁명과 권리장전

1685년 제임스 2세가 영국 왕위에 올랐는데, 제임스 2세는 왕으로서 강력한 권한을 행사했어요. 이를 두고 볼 수 없었던 영국 의회는 제임스 2세의 딸인 메리와 그의 남편 윌리엄을 공동 왕으로 추대하기로 합니다. 메리와 윌리엄 부부가 영국으로 오는 동안 제임스 2세는 프랑스로 망명했고, 메리와 윌리엄 부부는 1688년 영국에 도착했습니다. 이를 두고, 피 흘리는 싸움 없이 명예롭게 왕이 교체되었다는 의미로 명예혁명이라고 부릅니다. 메리와 윌리엄 부부는 1689년 2월에 영국의 공동 왕이 됩니다. 영국 의회는 메리와 윌리엄 공동 왕에게 의회의 권한을 확고히 하고 왕의 권한을 제한하는 내용 등이 담긴 권리장전에 대한 승인을 요청했어요. 공동 왕이 승인했고, 1689년 12월에 의회의 법률로 제정되었어요. 이를 통해 영국에서는 의회가 통치력의 중심에 확고하게 서게 되었답니다.

상식사전

근세 시대의 큰 변화, 르네상스와 종교 개혁

르네상스

14세기 중세 시대부터 근세 시대로 넘어와 16세기에 걸쳐 르네상스 운동이 일어났어요. 르네상스(Renaissance)는 프랑스어로 '재생, 부활'을 의미합니다. 문예부흥 운동이라고도 하는데, 신 중심의 생각에서 벗어나 고대 그리스와 로마의 문화를 본받아 인간 중심의 정신을 되살려 보자는 것이 이 운동의 핵심이었습니다. 이탈리아에서 시작되어 프랑스, 독일, 영국 등으로 퍼져 나갔고, 유럽 문화의 기반이 되었어요.

종교개혁

무소불위의 권력을 뽐내던 로마 가톨릭 교회의 타락은 시간이 갈수록 점점 심해졌어요. 심지어 로마 가톨릭 교회는 면죄부까지 팔기 시작합니다. 면죄부는 돈을 내면 죄 지은 사람에게 내려지는 신의 벌을 없애 준다는 증명서였어요. 이를 보다 못해 마틴 루터가 1517년 독일에서 95개 조 반박문을 발표했고, 진정한 신앙을 회복하자는 종교개혁이 일어나 유럽 전역으로 퍼져 나갔습니다. 이 종교개혁으로 기독교가 지금의 가톨릭과 개신교로 나뉘게 된 것입니다.

재미있는 법 이야기

경국대전

1392년 조선을 건국한 태조 이성계는 1397년에 《경제육전》을 제정해 시행했습니다. 태종 때에는 이 《경제육전》이 수정되어 《속육전》이 편찬되었고, 세종 때에도 내용이 계속 보완됐습니다. 세조 때 재정, 신분관계, 세금 등의 기본이 되는 《호전》이 편찬되면서 《경국대전》이라는 이름이 붙게 되었죠. 《경국대전》은 '나라를 다스리는 큰 법'이라는 뜻으로 풀이할 수 있어요. 이후 성종 때에 이르러 몇 차례 개정 작업이 이루어지다가 드디어 《이전》, 《호전》, 《예전》, 《병전》, 《형전》, 《공전》의 6개로 이루어진 《경국대전》이 1485년에 시행되었어요.

《이전》에는 궁중, 중앙과 지방의 직위 및 직무 제도에 관한 규정이 실려 있었어요. 《예전》에는 과거시험, 외교, 의례에 관한 규정이 실려 있었고, 《병전》에는 군대에 관한 규정이 포함되어 있었습니다. 《형전》에는 형벌, 재판에 관한 규정이 있었고, 《공전》에는 도로, 다리 등에 관한 내용과 길이, 부피, 무게 등의 단위를 재는 방법인 도량형에 관한 규정이 실려 있었지요.

조선 시대의 경국대전은 다른 어느 나라와 비교해도 손색이 없을 만큼 체계적이고 통일된 최고의 법전이었습니다. 태조 이성계로부터 성종 때에 이르기까지 우리나라의 실정에 맞는 법으로 보완·수정되어 온 조선 고유의 법이기도 하고요. 《경국대전》의 성장은 여기에서 그치지 않았어요. 영조 때인 1746년에 《속대전》이 추가 편찬되고, 정조 때에 이르러 《경국대전》과 《속

대전》 등의 법을 하나로 합쳐서 만든 《대전통편》이 1785년 편찬되어 시행되었습니다. 고종 때인 1865년에는 그때까지 추가된 법을 정비해 《대전회통》이 만들어졌지요. 《대전회통》은 조선 시대 최후의 통일된 법전이에요. 일제가 우리나라를 침탈하면서 이후로는 조선 시대의 법이 명맥을 유지하지 못하게 되었기 때문입니다.

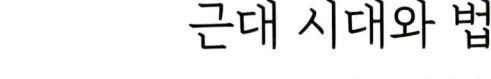

근대 시대와 법
(18세기부터 20세기 초반까지)

● 미국의 독립혁명과 연방헌법

1620년 메이플라워호를 타고 종교의 자유를 찾아 영국에서 미국으로 건너간 청교도들은 현재 미국 건국의 기초가 되었어요. 미국은 영국의 식민지여서 영국의 영향을 많이 받았는데, 영국은 식민지인 미국에 많은 세금을 부과하기 시작했습니다. 그러다 점차 갈등이 커졌고, 미국은 영국과 1775년 4월 19일부터 1783년 9월 3일까지 독립을 위한 전쟁을 했어요. 미국 독립전쟁 중이던 1776년 6월 12일에 버지니아 인권선언이 있었어요. 버지니아 인권선언에는 '모든 사람은 태어나면서부터 평등하고 자유권을 가지고 있다'라고 명시해 인권이 세계 최초로 명문화되었지요. 1776년 7월 4일에 미국이 독립선언을 했는데, 독립선언을 위해 작성된 독립선언문에는 '모든 사람은 평등하게 태어났고, 생명권, 자유권, 행복추구권이 있다'는 내용이 포함되어 있었죠. 1783년 9월 3일 미국 독립전쟁이 종료된 후, 1787년 9월

17일 미국 연방헌법이 제정되었는데, 이때는 인권에 관한 규정이 미국 연방헌법에 포함되지 않았습니다. 1791년에 가서야 미국 연방헌법에 인권에 관한 규정으로 구성된 10개 조항이 추가되었지요. 미국 연방헌법에 추가된 10개 조항을 권리장전이라고 부르기도 한답니다.

프랑스 혁명과 인권선언

루이 14세 이후, 루이 15세, 루이 16세가 차례로 프랑스 왕이 되었습니다. 절대주의 왕권이 지배하던 체제를 '앙시앵 레짐(구체제)'이라고 하는데, 구체제는 특권 계급이 지배하던 구조였어요. 왕과 특권 계급이던 성직자와 귀족이 시민, 농민, 노동자를 지배하는 불평등한 구조였던 거예요. 이러한 불평등한 구조가 루이 16세 때에 이르러는 더욱 심해져서 농민과 노동자들은 더욱 가난해졌습니다. 시민들은 국정 운영에 참여하고 싶었지만 그러지 못했고요. 그러다 루이 14세 때부터 쌓여 있던 절대주의 왕권에 대한 불만이 루이 16세 때에 한꺼번에 터져 나와 1789년 7월 14일, 시민들이 프랑스 파리의 바스티유 감옥을 덮치면서 프랑스 혁명이 시작되었어요. 1789년 8월 26일에는 '인간과 시민의 권리 선언'이라는 제목의 프랑스 인권선언이 있었습니다. 여기에도 인간은 태어나면서부터 갖게 되는 여러 권리가 있다는 내용이 담겨 있어요.

산업혁명

영국에서는 제임스 와트가 증기기관을 발명하면서 18세기 중반부터 산업혁명이 시작되었어요. 증기기관의 발명으로 대량생산이 가능해지게 되자 산업화로 인해 부를 쌓은 자본가가 등장합니다. 중세 시대와 근세 시대에 있었던 귀족, 성직자 등의 특권 계층이 사라지고, 자본가가 특권 계층으로 새롭게 자리 잡게 된 거예요. 개인의 소유권이 중시되는 사유재산제도를 바탕으로 한 자유로운 경쟁에 따라 시장에서 가격이 매겨졌는데요, 이를 시장경제라고 해요. 그리고 사유재산제도를 바탕으로 한 시장경제체제를 자본주의라고 합니다. 이 시장경제를 통해 자본가들은 더 많은 부를 쌓아갔어요..

더 많은 부를 쌓기 위해 공장 주인들은 노동자들에게 장시간의 노동을 강요하면서, 임금은 적게 주었어요. 노동자들은 생계를 위해 어쩔 수 없이 열악한 환경에서 일할 수밖에 없었죠. 이러한 악순환이 계속되고 빈부 격차가 더욱 커지게 되자, 노동자들은 최소한의 인간다운 생활도 할 수 없는 상황에까지 이르게 됩니다. 자본주의의 폐해가 나타나게 된 거예요. 노동자들의 인권침해 상황이 더욱 심각해지자, 국가가 사회에 개입하고 경제체제에 관여해서 노동자들의 비참한 상황을 바꿔야 한다는 생각이 나타나게 되었어요.

🔸 프랑스 민법과 독일 민법

　로마법의 영향을 받은 프랑스에서는 1804년에 최초의 근대 민법전인 《프랑스인의 민법전》이 편찬되었어요. 1807년에는 《나폴레옹 법전》이라는 이름으로 바뀌기도 했고요. 프랑스와 마찬가지로 로마법의 영향을 받은 독일에서도 1896년 통일된 독일 민법이 제정되었습니다.

🔹 일제 강점기에 우리나라에 들어온 유럽 대륙의 법

　일본은 독일 민법과 프랑스 민법을 참고해 1896년부터 1897년 사이에 민법을 제정했습니다. 일제는 일제 강점기인 1912년, 조선 민사령을 통해 일본 민법이 우리나라에도 시행되게 했지요. 이런 연유로 인해 일제 강점기에 일제를 통해 우리나라에 유럽 대륙의 법이 들어오게 되었고, 우리 고유의 법인 조선 시대의 법은 우리나라 자체의 근대화를 통해 더 이상 성장하지 못하게 되었습니다. 한편, 1919년 3·1 운동의 영향으로 1919년 4월 11일에 중국 상하이에서 대한민국 임시정부가 수립되었고 대한민국 임시헌장이 선포되었습니다.

제2차 세계대전

중세 시대에서 근세 시대를 지나 근대 시대로 넘어오면서 지난 시대를 지배하던 악습에 대항해 인간이 인간으로 태어나면서 갖게 되는 당연한 권리인 인권이 새롭게 주목받았고, 정의의 의미가 무엇인지 재조명하게 되었어요. 이러한 정신에 기반한 미국의 독립혁명, 프랑스 혁명 등 시민혁명을 통해 만들어진 국가의 법을 근대법이라고 표현해요. 오랜 시간 동안 힘든 여정 끝에 고대 시대의 법이 근대법으로까지 발전했지만, 이러한 근대법이 세계대전을 막지는 못했습니다.

각 국가의 이해관계에 따라 전 세계는 두 번의 큰 전쟁을 치러야 했어요. 1914년 7월 28일부터 1918년 11월 1일까지 제1차 세계대전이 있었어요. 제1차 세계대전 후에 독일에서는 바이마르 공화국이 탄생했고, 1919년 8월 11일에는 바이마르 공화국 헌법이 성립되었어요. 바이마르 공화국 헌법에는 국가가 사회의 불평등을 없애기 위해 사회에 개입하기 위한 사회적 기본권이 규정되어 있었어요. 그런데 바이마르 공화국 헌법에 따라 합법적으로 권력을 잡은 히틀러와 나치당은 1933년 의회에서 의회가 갖는 입법권(법을 제정하는 권한)을 행정부에 넘기도록 하는 수권법을 통과시켰지요. 히틀러는 수권법에 근거해서 나치당 외의 정당을 모두 해산시켰고, 나치당의 일당독재, 더 나아가 히틀러의 독재가 시작된 거예요. 1935년에는 히틀러와 나치가 뉘른베르크 법을 제정해서 유대인을 탄압했고, 유대인을 탄압하는 정책은 결국 유대인 대량 학살로 이어졌어요.

히틀러는 1939년 9월 1일 제2차 세계대전을 일으켰고, 1945년 9월 2일에 가서야 제2차 세계대전이 종식되었어요. 히틀러가 바이마르 공화국 헌법에 따라 합법적으로 권력을 잡은 이후에 악행을 저질렀잖아요. 그에 대한 반성으로, 사람들은 법은 형식만이 중요한 것이 아니라 법률의 목적과 내용도 기본권을 보장하는 헌법 이념에 일치해야 한다는 실질적 법치주의에 대해서도 생각하게 되었어요.

재미있는 법 이야기

홍범 14조

1895년 1월 7일, 고종은 홍범 14조를 반포합니다. 홍범 14조는 우리나라 최초의 근대적 헌법이라고는 할 수 있지만, 이 홍범 14조가 제정되고 반포되는 과정에서 어느 정도 일제가 관여했기 때문에 온전히 조선 스스로 만든 법이라고는 할 수 없어요. 총 14개 조항으로 된 홍범 14조 중 몇 가지만 살펴볼까요?

첫 번째 조항에는 청에 의존하지 않고 자주독립의 기초를 세운다는 내용이 규정되어 있었습니다. 여섯 번째 조항에는 세금의 부과는 법으로 정하고 마음대로 명목을 만들어 징수할 수 없다는 내용이 있었고, 열세 번째 조항에는 민법과 형법을 제정해서 함부로 감금하고 징벌할 수 없으며 백성들의 생명과 재산을 보호한다는 내용이 있었어요.

고종은 1897년 조선의 국호를 대한제국으로 선포했고, 자주적 국가가 되도록 노력했습니다. 하지만 1910년 8월 29일, 일제에 의해 끝내 강제로 병합되었지요. 그렇지만 대한제국의 국가 이름 중 대한은 1919년 4월 11일 수립된 대한민국 임시정부에 승계되었고, 현재 우리나라 이름으로 존속하고 있습니다.

재미있는 법 이야기

사회계약론

이번에는 지금까지 우리가 알아봤던 근대법의 기초가 되는 사회계약론을 이야기해 보려고 합니다. 홉스, 로크, 루소가 사회계약론을 주장했는데, 이 세 사람의 사회계약론에 관한 생각은 조금씩 달랐습니다.

홉스

홉스는 인간은 모두 이기적이고, 죽음에 대한 두려움 때문에 국가를 형성하게 되었다고 이야기해요. 그리고 국가가 형성되기 이전의 상태를 '자연 상태'라고 합니다. 자연 상태에서는 인간의 본성이 이기적이기 때문에 폭력에 따른 죽음에 대한 공포로 인해 질서가 없는 상태가 되고, 개인의 안전에 큰 위협이 된다고 생각했죠. 홉스는 이러한 상태를 '만인의 만인에 대한 투쟁'이라고 표현했어요. 그래서 각 개인은 서로 계약을 맺음으로써 무질서한 상태를 벗어나려고 한다고 했습니다. 그런데 계약을 맺었지만 누군가가 계약을 깨려고 행동할 수 있기 때문에 성경에 등장하는 거대한 바다 괴물인 리바이어던 같은 존재에게 법을 강제하고, 법을 어기는 사람을 단호하게 처벌하는 일을 하게 해야 한다고 생각했어요. 즉, 홉스는 강력한 절대 군주에게 통치를 맡겨야 한다고 생각한 것이죠.

요약하면, 홉스는 자연 상태의 개인들은 자신들의 안전을 위해 자신들이 가진 자유의 일부를 포기하겠다는 약속인 사회계약을 맺어 국가를 형성하고,

통치권을 강력한 존재에게 맡겨야 한다고 주장한 것입니다. 왕권신수설과 같은 생각이 아닌가 할 수도 있겠지만, 홉스는 왕의 권력이 신에게서 나온 것이 아니고, 강력한 존재의 권력은 국민에게서 나온다는 것을 명백히 밝힌 것에 큰 의의가 있었습니다.

로크

로크의 사회계약론은 영국의 명예혁명, 권리장전이라는 역사적 배경에서 나왔습니다. 로크는 자연 상태에서 인간은 자유롭고 평등하다고 생각했어요. 특히, 인간은 노동을 해서 재산을 소유할 수 있는데, 재산을 소유할 수 있는 권리는 신이 부여해 준 것으로 생각했지요.

로크는 사람들 사이에 갈등이 일어날 수도 있으므로 개인의 생명과 자유, 재산을 지키기 위해 개인들이 서로 사회계약을 맺어 국가가 형성된 것이라고 주장했어요. 국가가 수립된 이후에도 국가의 주요 의사를 결정하는 힘인 주권은 여전히 국민에게 있고, 그중 갈등이 발생했을 때 공정한 해결을 위한 권한인 입법권과 집행권을 국가에 위임한 것이라고 주장했어요. 입법권은 다수결의 원칙에 따라 운영되는 의회에 있고, 집행권은 의회에서 만든 법에 따라야 한다고 했죠. 로크는 국가가 국민의 권리를 해치거나 효율적으로 보호하지 못하면, 국민은 사회계약을 파기할 수 있고 국가에 저항할 수 있는 권리가 있다고 보았습니다. 로크의 사회계약론은 미국의 독립혁명, 프랑스 혁명에 큰 영향을 끼쳤어요.

루소

루소는 인간의 본성은 착해서 국가 이전의 자연 상태에서 인간은 자유롭고 평등한 상태라고 주장했어요. 루소는 자연 상태의 자유롭고 평등한 상태를 유지하기 위해 공동체를 구성하는 각 개인은 각자 자신의 모든 권리를 내놓고 사회계약을 맺어서 국가가 성립되었다고 생각했어요. 각자 자신의 모든 권리를 내놓는다는 것은 전부 같은 조건, 같은 위치에 놓이는 것이기 때문에 모두가 평등해진다는 것이었죠. 루소는 공동체 전체의 이익을 이루려는 공동체의 의지를 일반의지라고 하면서, 이 일반의지의 행사가 주권이고 행사된 일반의지는 법으로 표현된다고 했어요. 루소의 사회계약론은 프랑스 혁명에 영향을 주었지요.

홉스, 로크, 루소의 사회계약론에 관해서 이야기했는데, 이해하기 쉽지는 않지요? 이 어려운 이야기를 한 이유는 현재 우리 주위에 있는 법을 더 깊이 이해해 보려고 하기 때문입니다. 나아가, 법이 국가의 강제를 동원할 수 있는 이유가 무엇인지에 대한 답을 얻기 위한 것이기도 해요. 기억해야 할 것은 홉스, 로크, 루소의 생각이 조금씩 다르기는 하지만, 공통으로 국가는 국민 개인들 사이의 계약으로 생겨났다고 주장했다는 겁니다. 중세 시대의 왕권신수설, 절대 왕정과는 확연히 구분되고, 지금 우리가 누리고 있는 민주주의 근간이 되는 이론들이라는 것이죠. 특히 로크의 사회계약론과 루소의 사회계약론은 서로 차이가 있기는 하지만, 법이 국가의 강제력을 동원할 수 있는 근거는 국민에게 있다는 점을 명백히 밝히고 있다고 볼 수 있어요.

국민이 합의로써 국가를 만들고 그 국가가 법을 만들기 때문에, 법은 국민의 합의에 따라서 만들어지는 것이라고 볼 수 있는 거예요. 그리고 이 법의 정당성은 국민에게 있는 것입니다.

현대 시대와 법

(제2차 세계대전 종료 이후 현재까지)

제2차 세계대전이 끝난 직후인 1945년 10월 24일에 유엔(UN, 국제연합)이 창설되었습니다. 제2차 세계대전 같은 세계 전쟁을 방지하고, 세계 평화를 유지하기 위한 목적이었죠. 그 후 다른 국제기구들도 생겨나기 시작했고, 세계 각국은 국가들 사이의 합의인 조약을 맺고 있습니다.

현대 시대로 오면서 세계 각국은 역사를 되짚어 보며 헌법을 정비했습니다. 1945년 8월 15일, 우리나라는 일제에 빼앗겼던 주권을 찾아왔어요. 1948년 7월 12일에는 대한민국 헌법이 제정되었고 7월 17일 시행되었어요.

우리나라가 일제로부터 주권을 찾은 이후, 독재자들이 나타나 모든 권력을 차지하면서 우리나라를 마음대로 주무르기도 했어요. 그 과정에서 법은 역사의 발전 방향과 다르게 오히려 뒤로 물러나기도 했답니다. 하지만 시민들이 그에 저항하면서 힘들게 현재의 민주주의에 이르게 된 것이죠. 근대법이 태어나 현대 시대로 넘어왔지만, 법의 모든 것이 완결되어 완비된 채로 머물러 있지 않고 변화하고 있어요. 우리나라뿐만 아니라 세계 각국에서도 각 나라의 시대적 상황에 따라 법이 변화하고 있습니다.

단발령과 장발 단속, 교내 두발 자유화

1895년(을미년) 11월에 고종은 머리를 짧게 자르라는 단발령을 내렸습니다. 이 단발령은 일제가 고종에게 강요해 실시된 것입니다. 고종은 단발령을 내리면서 자신도 머리를 짧게 잘랐습니다. 일제는 조선의 왕인 고종이 먼저 모범을 보이게 해서 조선 백성들에게 단발을 강행하려고 했죠.

하지만 조선 시대에는 머리카락도 부모님이 물려주신 것이어서 머리를 자르지 않는 것이 효도라고 생각했고, 남자의 경우 상투를 틀고 생활했어요. 이런 생각과 관습이 지배하던 사회에 머리를 짧게 자르라는 단발령은 쉽게 받아들여질 수 없었죠. 안 그래도 일제가 명성황후를 시해한 을미사변으로 인해 조선 백성들이 일제에 분노하는 상황이었는데, 여기에 단발령까지 더해지자 일제에 대한 반감은 극에 달할 수밖에 없었어요. 조선 백성들은 고종이 자기 머리를 자르고 단발령을 선포한 것이 일제의 강요 때문이라는 사실을 알고 있었기 때문입니다.

결국, 단발령 이후 전국 각지에서 의병이 일어나 일제와 싸우게 되었고, 을미년에 일어난 의병이라고 해서 을미의병이라고 합니다.

1973년, 우리나라의 경범죄처벌법이 개정되면서 장발과 미니스커트를 단속하는 규정이 신설되었어요. 이 당시 개정된 경범죄처벌법 제1조 제49호에는 "성별을 알아볼 수 없을 정도의 장발을 한 남자, 또는 미풍양속을 해하는 저속한 옷차림을 하거나 장식물을 달고 다니는 자"를 처벌하도록 규정되어 있었어요. 장발을 한 남자, 미니스커트를 입고 다니는 사람을 단속해 처벌했던 것이죠. '어떻게 그럴 수 있지?' 잘 상상이 안 가죠? 1973년은 박정희 전 대통령의 독재가 이루어지던 시기였어요. 이 당시, 미국 문화의 영향으로 젊은이들이 장발을 한 채 청바지를 입고 통기타를 매고 다니는 것, 미니스커트를 입고 다니는 것은 자유의 상징으로 여겨졌어요. 박정희 정권은 미풍양속을 보호한다는 명분으로 국민의 옷까지 통제하며 장발과 미니스커트를 단속했어요. 길거리에서 실제로 경찰이 자를 들고 다니면서 여성들의 치마 길이를 재고 다녔어요. 치마가 무릎 위 20cm를 넘어가면 단속을 했습니다. 또 장발로 단속에 걸리면 경찰서로 연행되어 머리를 깎겠다는 각서를 쓰거나 이발관에서 머리를 깎은 후에 풀려났지요.

1988년 경범죄처벌법이 개정되어 장발 및 미니스커트를 단속하는 근거 규정이 삭제되었어요.

현재는 교내 두발 자유화에 대한 견해 차이가 계속되는 것 같아요. 2010년 10월 5일 경기도에서 경기도 학생 인권 조례가 제정되어 시행되었는데, 경기도 학생 인권 조례 제11조(개성을 실현할 권리) 제1항에는 "학생은 복장, 두발 등 용모에 있어서 자신의 개성을 실현할 권리가 가진다"라고 규정되어 있어요. 이후 서울특별시도 2012. 1. 25. 서울특별시 학생 인권 조례를 제정해 시행하고 있고, 충청남도는 2020. 7. 10.에 충청남도 학생 인권 조례를 제정해서 시행하고 있지요. 지방자치단체마다 학생들이 두발을 통해 개성을 실현할 자유가 있다고 규정하기 시작한 거예요. 그런데 각 지방자치단체가 모두 똑같이 규정하고 있는 것은 아니고, 두발에 대해 일정한 절차에 따라 제한할 수 있다는 규정이 함께 있기도 합니다. 두발에 관한 생각이 시대와 시대 상황에 따라 달라지는 것을 확인할 수 있지요.

3장
······································
법이 하는 일은
이렇게 다양해요

분쟁 해결

사람은 혼자 살아갈 수 없어요. 그래서 같은 목적을 가진 사람들이 모여 가정부터 국가까지 여러 사회에 속해 살아가고 있습니다. 그런데 사람들이 모여 사회 생활을 하다 보면 다툼이 있게 마련이죠. 사람마다 생각이 다를 수 있으니까요. 생각이 다르니 어떤 문제에 대해 대립하게 되면서 사회 구성원들 사이에 갈등이 일어나게 됩니다. 분쟁이 발생하는 것이지요. 분쟁 중인 사람들은 각자가 자신에게 유리한 방향으로 문제를 해결하려고 합니다.

이런 분쟁을 해결하기 위해서는 객관적이고 합리적인 기준이 필요하겠지요. 법은 일정한 기준과 원칙으로 분쟁을 해결하는 역할을 합니다. 그래서 분쟁을 해결할 때 법원의 재판을 통해 해결하는 경우가 많죠. 이걸 법원에 재판청구권을 행사한다고 합니다. 다른 말로 피해를 입은 사람이 법원의 재판을 통해 자신의 권리를 구제받는 것입니다. 현대 사회에서는 법원이 분쟁 해결의 마지막 보루로써 역할을 하고 있어요.

사회 질서 유지

    법은 평상시에 국가가 정상적으로 작동되는 데 필요한 기본적인 질서를 유지시켜요. 법이 분쟁을 해결한다는 것은 사회 질서를 유지하는 역할을 한다는 의미도 돼요. 분쟁 당사자들이 의견 대립으로 대치하는 상황이 극단적으로 치닫게 되면 폭력이나 무력을 사용하게 되고, 심지어 전쟁으로 확대될 수도 있잖아요. 이런 험악한 상황에 이르기 전에 법이 분쟁을 해결하기 때문에 사회 질서와 평화가 유지되는 겁니다.

    법이 미리 어떠한 행위를 하지 말라고 금지 의무를 부과하고, 이를 어겼을 때는 제재를 받는다고 규정하고 있으면, 사람들은 제재를 받지 않기 위해 금지 의무를 위반하지 않으려고 할 거예요. 예를 들어, 범죄와 형벌에 관한 법률이 형법인데요, 형법에는 사람을 때리는 행위, 사람을 다치게 하는 행위 등의 범죄행위를 하면 안 되고, 이를 어겼을 때는 형벌을 받는다는 내용이 들어 있어요. 분쟁 당사자들이 폭력 또는 무력이라는 방법을 선택한 결과가 무엇인지 알기 때문에 법은 그들이 잘못된 선택을 하지 않도록 하고 있지요. 사회의 안정과 질서가 무너지지 않도록 하는 겁니다.

또 다른 예로, 근로기준법에는 근로관계에 관한 전반적인 내용이 규정되어 있어서 회사가 사람을 고용해 일을 시킬 때 이를 준수하도록 하고 있지요. 그래서 근로자가 안심하고 인간다운 생활을 하면서 자기 일을 열심히 해 경제가 원활히 돌아가게 합니다. 이렇듯 법은 사회 안정과 질서가 무너지지 않게 합니다.

공익 추구

　법은 사회 전체의 이익인 공익을 추구하기 위해 애쓰고 있습니다. 중세 시대와 근세 시대에 왕을 비롯한 지배 계층이 힘을 남용해서 개인의 이익만을 탐하기도 했는데, 이러한 욕심 때문에 국민이 어려움에 처하게 된 경우가 무척 많았습니다. 그러다 근대 시대에 들어서면서 사회 구조가 바뀌고, 국민 사이의 합의에 따라서 법이 만들어지게 되었지요. 국민 사이의 합의로 법이 만들어졌기 때문에 법은 공공의 이익을 추구하는 것입니다.

　법이 근대법의 모습으로 변모한 이후에도 국가 권력을 장악한 독재자들이 사회 전체의 이익과는 다른 방향으로 정책을 이끌어서 나라가 큰 혼란에 빠진 사례들도 있습니다. 법이 사회 전체의 이익을 추구하는 것은 이러한 문제점을 극복하고자 하는 역사적 노력의 결과물이라고 할 수 있습니다.

정의와 인권 수호

　정의란 '진리에 맞는 올바른 도리'를 뜻합니다. 그런데 구체적으로 무엇이 진리에 맞는 올바른 도리인가에 관해서 고대 시대부터 현대 시대에 이르기까지 계속 논의가 이어지고 있어요.

　근대 시대 즈음부터 그 이전 시대와 다르게 인간은 인간으로 태어나면서 갖게 되는 당연한 권리가 있다는 생각이 생겨났고, 이러한 생각이 미국의 독립혁명, 프랑스 혁명 과정에서 문서로 만들어졌어요. 인간에게는 인간으로 태어나면서 갖게 되는 당연한 권리인 인권이 있습니다. 하늘이 인간에게 준 권리라는 의미에서 천부인권이라고 표현하기도 합니다. 근대 시대 이후, 인권은 글로 표현되어 법전에 규정되기 시작했고, 법전에 규정되어 있지 않더라도 인간이라면 당연히 갖는 권리로 사람들이 인식하고 있어요.

　오늘날에는 정의와 인권은 서로를 포함하는 관계라고 봅니다. 정의는 인권을 떼어 놓고 말할 수 없기 때문이에요. 법은 이렇게 힘들게 얻게 된 인권을 수호하는 일을 하고, 정의를 지키는 역할을 합니다.

재미있는 법 이야기

정의의 여신상

그리스 신화에는 디케(Dike)라는 정의의 여신이 있습니다. 그리스 신화의 디케가 로마에서는 유스티치아(Justitia)로 불렸지요. 정의를 의미하는 영어 단어 '저스티스(justice)'는 유스티치아(Justitia)에서 유래되었다고 해요.

옛날에 로마 신화의 유스티치아가 그림이나 조각으로 표현될 때는 눈을 안대로 가린 채 한 손에는 저울을, 다른 한 손에는 양날의 검을 든 모습을 하는 경우가 많았다고 합니다. 정의의 여신이 다툼이 있는 당사자들을 저울 양쪽에 올려놓고, 죄가 무거운 쪽으로 저울이 기울면 양날의 검으로 죄가 무거운 쪽을 응징한다는 걸 상징하지요.

여기서 저울은 재판의 공정함을, 양날의 검은 물리적인 힘을 통한 엄격한 법 집행을 의미합니다. 그런데 양날의 검에는 법 집행을 남용하면 안 된다는 의미도 담겨 있다고 해요. 양날의 검을 함부로 휘두르면 벌을 주는 자도 다칠 수 있기 때문이죠.

정의의 여신상에 눈을 가린 것에는 어떤 의미가 있을까요? 처음에는 정의의 여신이 저울이 기울어지는 것도, 양날의 검을 휘두르는 것도 보지 못하게 해서 정의를 실현하지 못하게 하려는 의도였다고 해요. 시간이 지나면서 정의의 여신상에 눈을 가리는 것의 의미는 재판받는 사람의 외모, 신분 등에 현혹되지 않고 공정하게 판단한다는 의미로 바뀌었다고 합니다.

우리나라 법원에서는 로마 신화에 나오는 정의의 여신상을 다르게 해석해서 눈을 가리지 않고 한 손에는 저울, 다른 한 손에는 법전을 들고 있는 정의의 여신상을 형상화했어요. 칼은 강제력을 뜻하기도 해서 일방적인 강제보다는 법의 공정한 집행을 상징하기 위해 법전으로 대체했다고 합니다. 눈을 가리지 않은 것은 사회 현상을 제대로 보고 올바른 판단을 하려는 취지라고 합니다.

여러분은 눈을 가린 정의의 여신상과 눈을 가리지 않은 정의의 여신상 중에서 어떤 정의의 여신상이 더 친숙하게 느껴지나요?

4장

법에도 형식과 체계가 있어요

존재 형식에 따른 분류

　법의 존재 형식을 좀 어려운 말로 법의 연원(淵源)이라고도 해요. 줄여서는 법원(法源)이라고 하고요. 법의 연원을 말하는 법원(法源)과 재판하는 곳을 말하는 법원(法院)은 발음은 같지만, 한자가 다르답니다. 이제 존재 형식에 따라 법을 분류해 볼 텐데요. 법은 크게 성문법과 불문법으로 나뉩니다.

• 성문법

　성문법은 문장(글)으로 표현되고 일정한 형식과 절차에 따라 제정된, 법전의 형식을 갖춘 법을 의미해요. 이런 성문법에는 헌법, 법률, 명령, 조례, 규칙이 있답니다.

헌법

국민의 기본권을 보장하는 내용을 담은, 한 국가의 가장 기본이 되는 법이에요. 헌법은 국가가 추구해야 할 이념 또는 기본원리를 담고 있고, 국민의 기본권을 보장하고 헌법의 기본원리를 실현하기 위한 통치 구조가 무엇인지에 관해 규정하고 있어요. 헌법은 '법 중의 법'으로 국가의 법 중 최고의 효력을 가집니다.

법률

넓은 의미로는 우리가 흔히 법이라고 할 때의 법 일반을 의미하기도 해요. 하지만 좁게 보면 법을 만드는 국회(입법기관)에서 의결해 대통령이 서명하고 일반 국민에게 널리 알리는 절차를 거쳐 만들어진 법을 의미합니다.

명령

국회의 의결을 거치지 않고 행정기관이 법률의 위임에 따라 법률을 집행하기 위해 만든 법을 의미해요. 여기에는 대통령령, 총리령, 부령(장관이 지시하는 명령)이 있어요. 참고로, 국회, 대법원, 헌법재판소 등은 업무의 자율성을 보장하기 위해 규칙 제정권을 부여하고 있어요. 그래서 국회 규칙, 대법원 규칙, 헌법재판소 규칙 등이 있지요. 이 규칙들은 명령과 같은 효력을 갖는데, 지방자치단체의 장이 제정하는 규칙과는 다르답니다.

조례

법률과 명령의 범위 안에서 지방자치단체의 지방의회가 의결을 거쳐 제정한 법입니다. 경기도의 학생 인권 조례, 서울특별시의 학생 인권 조례, 충청남도의 학생 인권 조례가 그 예입니다.

규칙

법률과 명령, 조례가 위임한 범위 내에서 지방자치단체의 장이 자신의 권한에 속한 사무에 관해 제정한 법입니다.

불문법

불문법은 성문법과 달리 일정한 형식과 절차에 따라 성문화되지 않은 법을 말해요. 이러한 불문법에는 관습법, 판례법, 조리가 있습니다.

관습법

사람들이 여러 세대를 거쳐 사회 생활을 하는 동안 그 사회 안에서 반복적으로 일관되게 행해지는 관행이 생길 수 있어요. 관습법은 그 관행이 일반적으로 법이라는 확신을 하게 되는 경우에 성립하는 법을 의미해요. 로마의 12표법이 제정되기 전에는 로마의 관습이 법으로 운용되었는데요, 이렇게 관습이 법이 될 수도 있어요. 역사를 살펴보면 관습을 포함한 불문법에서 성문법으로 진화한 걸 알 수 있어요. 하지만 관행이 있다고 해서 모두 관습법이 되는 것은 아니에요. 그렇게 되려면 일반인들 모두에게 관습이 법이라는 확신이 있어야 해요. 그런데 관습과 관습법을 구별하기는 쉽지 않아요. 어떠한 관습이 법인지는 대부분 법원의 재판으로 최종 확인됩니다.

판례법

법원에서 같거나 비슷한 사건에 대해 같은 취지의 판결이 반복될 수 있는데요, 판례법은 이렇게 반복돼 온 재판의 선례가 법이 된다는 것입니다. 판례법을 인정하는 나라는 영국, 미국 등이에요. 판례법을 인정하는 국가에서는 '선례구속의 원칙'도 인정합니다. 선례구속의 원칙이란 법관이 어떤 사건에 대해 재판할 때 그와 동일한 사안에 대해 이미 판결한 선례가 있으면 반드시 그 선례에 따라야 한다는 것입니다. 참고로 우리나라는 판례법을 인정하지 않아요. 다만, 우리나라 최고 법원인 대법원이 판결에서 내린 법의 해석은 같은 사건의 다른 법원이 따라야만 해요.

조리

조리는 '사물의 당연한 이치' 또는 '사물의 본질적 법칙'이라고 하는데, 정의, 형평, 경험칙(관찰과 측정으로 얻은 법칙) 등으로 표현되기도 합니다. 진리에 맞는 올바른 도리를 정의라고 이야기했는데, 정의

처럼 조리도 그 뜻이 구체적으로 무엇이라고 이야기하기는 어려워요. 그럼 그렇게 어려운 개념을 법의 연원(존재 형식)으로 이야기하는 이유가 뭘까요?

사람들은 혼자 살지 않고 여럿이 모여 사회를 이룹니다. 사회가 발전할수록 점점 더 사람들 사이의 관계가 복잡해지고 새로운 일들이 많이 생겨나요. 뉴스를 보면 매일 끊임없이 새로운 사건 사고가 발생합니다. 이러한 사회에서 발생할 수 있는 일을 성문법에 모두 정할 수가 없어요. 사회가 끊임없이 빠르게 변화하고 있으므로 관습법으로도 모두 규율할 수가 없어요. 예를 들어, 어떤 사건으로 피해를 본 사람이 법원에 재판 청구를 했는데, 그에 적용할 성문법 또는 관습법이 없을 수가 있어요. 그렇다고 법원이 해당 사건에 적용할 법이 없다고 재판을 거부할 수는 없답니다. 이때 법원은 조리에 의해서 재판할 수밖에 없는 거죠.

우리나라 민법 제1조에는 "민사에 관하여 법률에 규정이 없으면 관습법에 의하고 관습법이 없으면 조리에 의한다"라고 규정하고 있어요. 우리나라는 조리를 법의 연원으로 인정하고 있는 거예요. 이와는 달리 형법, 형법과 관련된 특별법에 범죄가 성립되는 것에 관한 규정이 없으면 죄로 인정할 수 없어요. 죄형법정주의라는 원칙 때문에 그렇습니다. 죄형법정주의는 범죄와 형벌은 국회가 제정한 법률로 미리 정해 놓아야 한다는 원칙이에요. 형법에 죄가 무엇인지 미리 정해 놓고 이를 어긴 사람만 처벌할 수 있다는 것입니다.

다양한 기준에 따른 법의 분류

존재 형식에 따라 법을 분류하는 것 외에도 여러 가지 기준으로 법을 분류하기도 한답니다.

실정법과 자연법

실정법은 현실적으로 시행되고 적용되는 법을 의미해요. 실정법에는 성문법뿐만 아니라 관습법 같은 불문법도 포함되지요. 자연법은 자연의 법칙 또는 인간의 이성에 근거한 어느 곳에서나 타당하고 영원히 변하지 않는 법을 의미해요. 인간이 인간으로 태어나면서 갖게 되는 권리인 인권이 그 예입니다. 이 자연법은 실정법을 통해서 구체화돼요. 인권이 헌법에 규정되면서 기본권이 되듯이 말이죠. 이렇듯 실정법과 자연법은 상호보완관계에 있어요.

국내법과 국제법

국내법은 한 국가의 주권이 미치는 범위 내에서 작동하는 법을 말하고, 성문법과 불문법이 포함돼요. 국제법은 국가들 사이에서 적용되는 법을 의미합니다. 국제법에는 조약과 국제관습법이 있어요. 조약은 국가 간에 권리와 의무를 발생하게 하는 내용을 서면으로 체결하는, 국가 간의 합의를 말합니다. 대한민국 헌법 제6조 제1항에는 "헌법에 의하여 체결·공포된 조약과 일반적으로 승인된 국제 법규는 국내법과 같은 효력을 가진다"라고 규정하고 있어요. 여기서 일반적으로 승인된 국제 법규는 국제관습법을 의미합니다. 대한민국 헌법 제6조 제1항에 따라 체결·공포된 조약은 국내법과 같은 효력이 있으므로 조약도 성문법으로서 법의 연원(존재 형식)이 될 수 있어요.

공법, 사법, 사회법

일반적으로 국가와 국민 사이, 국가기관 사이에 적용되는 법을 공법이라고 합니다. 여기에는 헌법, 행정법, 형법, 형사소송법, 민사소송법 등이 있지요. 개인과 개인 사이, 주식회사와 같은 단체 사이 같이 사회 구성원들 사이에 적용되는 법을 사법이라고 합니다. 민법, 상법이 여기에 속합니다. 사회법은 사회 구성원들 사이의 관계에 국가가 개입하는 법을 의미해요. 산업혁명의 폐해 때문에 국가가 사회에 개입해야 한다는 생각이 생겼고, 이런 생각에 터 잡아 사회법이 생겨났어요. 근로기준법 등이 사회법에 속합니다.

일반법과 특별법

일반법은 법의 효력이 미치는 범위가 제한 없이 일반적으로 적용되는 법을 말해요. 헌법, 민법, 형법 등이 이에 속하지요. 특별법은 특정한 사람, 사항 또는 장소에 국한해서 적용되는 법이에요. 군인에게만 적용되는 군형법, 상인 간의 거래관계에 적용되는 상법 등이 있어요. 범죄 중 형법에 규정된 형벌보다 더 가중해서 처벌하기 위해 만든 여러 특별법도 있어요. 특별법은 일반법보다 우선해서 적용된답니다.

실체법과 절차법

실체법은 권리·의무의 구체적인 내용을 규정하는 법이에요. 민법, 형법, 상법 등을 예로 들 수 있습니다. 절차법은 권리·의무를 실현하는 절차를 규정한 법을 말하는데, 민사소송법, 형사소송법, 행정소송법 등을 예로 들 수 있답니다.

법의 체계

법은 헌법을 맨 꼭대기로 해서 법률, 명령, 조례와 규칙 순서로 수직적인 체계입니다. 헌법은 법 중에서 최고의 법이니 헌법 아래에 있는 모든 법은 헌법의 힘보다 약해요.

법률은 헌법에 위반되어서는 안 되고, 명령은 헌법과 법률에 위반되면 안 됩니다. 법률에서 위임한 사항, 법률에 근거가 있는 사항에 관해서만 명령을 제정할 수 있으니까요. 조례와 규칙은 법률과 명령의 범위 내에서 지방자치단체의 사무에 관한 내용에 관해서 제정할 수 있어요. 그렇기 때문에 헌법, 법률, 명령에 위반되어서는 안 됩니다.

대륙법계와 영미법계

고대 로마에서는 기원전 450년에 12표법이 제정되었어요. 기원후 529년부터 534년 사이에는 동로마 제국의 로마법 대전이 만들어졌고, 12세기 이탈리아 볼로냐 대학교에서는 로마법 연구가 이루어졌지요. 16세기에는 인문주의에 기초한 로마법 연구가 시작됐고, 이러한 로마법 연구의 영향 아래 근대 시대에 프랑스에서는 나폴레옹 법전이, 독일에서는 민법이 제정되었습니다. 나폴레옹 법전과 독일 민법이 일제 강점기에 일제를 통해 우리나라에 들어오게 되었고요. 로마법의 영향을 받은 프랑스, 독일의 법을 대륙법이라고 하고, 이를 따르는 국가를 대륙법계 국가라고 합니다. 우리나라도 대륙법계 국가에 속해요.

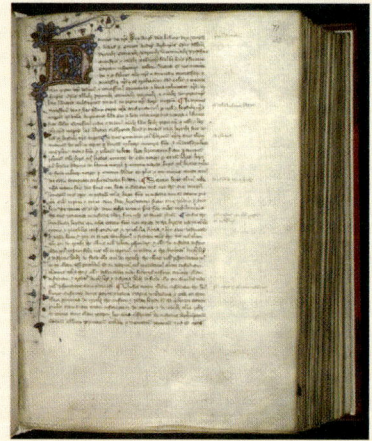

1215년 영국의 마그나 카르타, 1628년 영국의 권리청원, 1689년 영국의 권리장전 등의 법이 영국 식민지였던 미국으로 건너가 미국법의 기초가 되었어요. 그래서 영국과 미국의 법체계를 영미법이라 하고, 영미법을 따르는 국가를 영미법계 국가라고 합니다. 과거 영국의 식민지였던 아일랜드, 호주, 뉴질랜드, 캐나다 등이 영미법계 국가에 속합니다.

그렇다면 대륙법과 영미법의 차이는 뭘까요?

대륙법은 성문법을 중심으로 하고, 영미법은 재판의 선례인 판례가 법으로 인정되는 판례법이 중심입니다. 판례법은 불문법이라고 했으니 영미법에는 불문법만 있을까요? 그렇진 않아요. 영미법계 국가에도 성문법이 있답니다.

대륙법은 법관에 의한 재판이 이루어지는데, 영미법은 배심원에 의한 재판이 활용되고 있어요. 참고로, 우리나라에서는 일부 형사재판에서 국민참여재판이 활용되고 있습니다.

미국은 1787년에 미국 연방헌법이 제정되었어요. 그런데 영국에는 같은 영미법계 국가인 미국과 달리 하나로 통일된 헌법이 없어요. 그래서 영국의 헌법을 불문헌법이라고 한답니다. 영국이 비록 불문헌법 국가이긴 하지만, 관습헌법 형태로 실질적인 헌법이 존재하고 있어요. 관습헌법은 한 국가에서 인정하는 헌법적 가치를 가진 관습적 규범의 집합체를 의미해요. 영국의 마그나카르타, 권리청원, 권리장전 등도 헌법의 한 부분이지요. 다만 성문헌법 국가의 헌법에 담겨 있는 통치 구조에 관한 내용이 영국에서는 왕위계승법, 의회법에 담겨 있어요. 영국은 판례법을 인정하는데, 영국 법원이 국민의 기본권에 관한 판결들로 판례법을 형성하고, 이러한 판례법이 헌법의 일부가 되고 있습니다.

5장

대한민국 법 중의 으뜸은 헌법이에요

대한민국 헌법의 역사

사람들에겐 모두 태어난 날, 생일이 있습니다. 헌법도 생일이 있어요. 바로 1948년 7월 17일이랍니다. 7월 17일, 뭔가 익숙하죠? 맞습니다. 제헌절이에요. 제헌절이 바로 헌법의 생일이에요. 정확히는 1948년 7월 12일에 제헌국회에서 헌법이 만들어지고 7월 17일에 공포되었어요.

태어날 때의 모습과 똑같은 사람은 아무도 없습니다. 성장하면서 변하지요. 헌법도 마찬가지예요. 1948년에 탄생한 헌법은 9차례 개헌(헌법 내용을 수정하는 것)을 통해 지금에 이르게 되었습니다. 9차례 개헌을 통해 헌법은 좋은 방향으로만 바뀌었을까요? 원칙적으로는 그래야 하는 게 맞아요. 하지만 대한민국의 역사를 되돌아보면 독재를 연장하기 위해 개헌이 된 경우가 더 많았습니다.

마지막 개헌은 1987년 10월 27일에 국민투표로 이뤄졌답니다. 이때의 개헌은 시민의 힘으로 이루어졌고, 이를 통해 군사 독재를 끝내고 대통령 직접 선거라는 일대 전환점을 맞게 되죠. 여기서는 마지막 개헌이던 9차 개헌에 관해 알아볼게요.

    제5공화국의 전두환 정권은 자신들의 생각과 다른 의견을 내는 사람들을 탄압했어요. 그러다 학생운동에 참여했던 서울대학교 박종철 학생이 1987년 1월 13일 치안본부 대공분실 수사관들에게 연행되어 다음날인 1월 14일 치안본부 대공수사단 남영동 분실 509호에서 폭행, 전기고문, 물고문으로 사망합니다. 정부는 이를 숨기려 했지만, 박종철 학생이 고문으로 사망하게 되었다는 사실이 천주교 사제단의 폭로로 세상에 드러나게 돼요. 1987년 6월 9일에는 연세대학교 이한열 학생이 시위를 막으려는 전투경찰이 쏜 최루탄에 뒷머리를 맞아 쓰러집니다. 박종철 학생이 고문으로 사망하게 된 것에 정부의 책임을 묻는 시위에 참가했다가 그렇게 된 거예요. 이한열 학생은 한 달 동안 사경을 헤매다 결국 사망하고 말아요. 이렇게 여러 사람의 희생과 가슴 아픈 일들이 쌓여 1987년 6월 10일부터 6월 29일까지 군사 독재를 없애고, 대통령을 국민의 손으로 직접 뽑으려는 6월 항쟁이 일어났어요. 그 결과로 1987년 10월 27일에 국민투표를 거쳐 헌법이 현재의 모습으로 개정되었습니다.

대한민국 헌법의 의의

　대한민국 헌법은 대한민국 법 중 으뜸이고 최고의 효력이 있어요. 그래서 헌법에 어긋나는 법률, 명령, 조례 및 규칙은 효력 자체가 없게 됩니다. 무효가 되는 것이죠. 이렇게 중요한 헌법에 대해서 좀 더 살펴보도록 해요.

　현재 대한민국 헌법은 전문과 본문 130개의 조문(조항), 부칙 6개의 조문(조항)으로 구성되어 있어요. 헌법 전문은 헌법 본문 앞에 있는 문장 또는 조문을 말합니다. 1787년 9월 17일 미국 연방헌법이 제정될 때 헌법 전문이 있었는데, 그 이후로 세계 각국은 대부분 헌법 전문을 두고 있어요. 헌법 전문에서는 헌법이 성립된 유래와 기본원리를 밝힙니다. 대한민국 헌법 전문에도 대한민국 헌법이 생겨난 유래가 어디에 있고, 헌법의 기본원리가 무엇인지 나와 있어요.

　대한민국 헌법 전문은 "유구한 역사와 전통에 빛나는 우리 대한국민은 3·1운동으로 건립된 대한민국임시정부의 법통과 불의에 항거한 4·19 민주 이념을 계승하고"로 시작해서 "1948년 7월 12일에 제정되고 8차에 걸쳐 개정된 헌법을 이제 국회의 의결을 거쳐 국민투표에 의하여 개정한다"로 마무리돼 있어요. 헌법 전문에는 상해 임시정부의 정통성을 잇고 있다는 점을 명확히 하고 있습니다.

본문 130개의 조문에는 헌법의 기본원리가 무엇이고, 국민의 기본권과 의무의 내용에는 어떠한 것들이 있는지, 통치 구조가 어떻게 되는지 등에 관해 차례로 규정되어 있습니다. 부칙에는 지금 시행되고 있는 헌법이 언제부터 시행되는지 등에 관한 내용이 규정되어 있답니다.

대한민국 헌법의 기본원리

대한민국 헌법은 참으로 힘든 과정을 거쳐 현재의 모습에 이르렀습니다. 현재 헌법에는 어떤 내용들이 담겨 있는지 하나씩 살펴볼게요. 헌법 전문과 헌법 본문에는 대한민국 헌법의 기본원리를 규정하고 있어요. 헌법의 기본원리는 헌법이 따라야 하는 이념이고, 헌법이 어떤 방향으로 가야 할지 이끌어 주는 역할을 한답니다. 법률, 명령, 조례와 규칙은 헌법에 위반되면 안 되니까 헌법의 기본원리가 이끄는 방향으로 제정되고 개정되어야 해요.

국민주권주의

헌법 제1조 제1항은 "대한민국은 민주공화국이다"라고 규정하고 있어요. 대한민국은 국민이 주인인 국가임을 선언하고 있는 거예요. 헌법 제1조 제2항은 "대한민국의 주권은 국민에게 있고, 모든 권력은 국민으로부터 나온다"라고 규정합니다.

앞에서 주권은 국가의 의사를 최종적으로 결정하는 최고의 권력이라고 했지요? 그 최고 권력이 국민에게 있다는 거예요.

모든 권력이라는 것은 국가기관의 통치권을 말해요. 우리나라 국가기관으로는 국회, 대통령, 행정부, 법원, 헌법재판소, 지방자치단체 등이 있지요.

이런 국가기관의 권력은 국민한테서 나오는 것인데, 국민은 국가기관의 구성에 직접 또는 간접적으로 관여하고 있어요. 직접적으로 관여한다는 건 국민이 선거를 통해 국회의원, 대통령을 직접 선출한다는 거예요. 간접적으로 관여한다는 건 국민이 뽑은 국회의원, 대통령이 국무총리, 장관 임명에 관여한다는 것을 말해요. 이런 국가 권력의 정당성은 국민주권에 있는 것이지요. 법의 정당성이 국민에게 있다는 것입니다.

자유민주주의

국민주권은 곧 국민이 주인이 되는 민주주의를 의미해요. 자유주의는 국가 권력으로부터 주권자인 국민의 안전과 자유를 옹호해야 한다는 원리예요. 자유주의와 민주주의의 근본적인 생각이 근세 시대와 근대 시대를 거치면서 생겨났던 거 기억나나요? 현재는 자유주의와 민주주의가 결합한 자유민주주의가 헌법의 원리로 정착되었어요. 자유민주주의는 국가가 국민의 자유와 권리를 보장하고, 여기에 터 잡아 국민이 국가의 주인이 되는 원리입니다.

헌법은 자유민주주의에 기반한 자유민주적 기본질서를 규정하고 있어요. 자유민주적 기본질서란 뭘까요? 헌법재판소에서는 자유민주적 질서를 이렇게 말했어요. "생각이 다를 수 있음을 인정하면서, 모든 폭력적이고 일정한 질서를 무시하고 제멋대로 하는 지배를 받아들이지 않고 다수를 존중하면서도 소수를 배려하는 민주적 의사 결정과 자유·평등을 기본원리로 하여 구성되고 운영되는 정치적 질서"라고 말이죠.

법치주의

중세 시대, 근세 시대에는 권력을 가진 왕이 군사력을 동원해 폭력을 행사하거나, 권력자의 필요에 따라 세금을 거둬들이기도 했습니다. 또 독재자가 고문으로 국민을 억압하기도 했고요. 하지만 현대 국가에서 국민의 자유와 권리를 보장하기 위해서는 폭력이나 일정한 질서를 무시하고 제멋대로 하는 지배가 아니라, 법에 따른 지배가 필요합니다. 법치주의는 국민의 의사에 따라 제정된 법에 따라서 통치해야 하는 원리를 뜻해요.

과거 독일에서는 히틀러가 합법적으로 권력을 잡은 후, 유대인을 학살하고 제2차 세계대전을 일으켜 전 세계가 고통으로 신음했습니다. 그래서 이에 대한 반성으로 법의 형식만이 아니라 그 내용도 중요하다는 실질적 법치주의에 대해서 생각하게 되었어요. 오늘날의 법치주의는 이렇게 실질적 법치주의에 근거한 법에 따른 지배라고 할 수 있습니다.

사회복지국가

산업혁명 이후 빈부 격차가 심해지면서 노동자들의 생활이 비참한 상태에 이르자 국가가 사회와 경제체제에 개입해야 한다는 생각이 나타나게 되었어요. 사회복지국가 원리란 국민이 인간다운 생활을 하도록 국가가 사회와 경제체제에 개입해야 한다는 원리입니다. 이에 따라 헌법은 사회권 또는 사회적 기본권을 권리로 보장하고 있어요. 또 헌법은 전통적인 시장경제 질서에서 한 걸음 더 나아가 경제력을 함부로 나쁘게 사용하지 못하도록 하고, 소득이 적정하게 분배되도록 하는 사회적 시장경제 질서를 원칙으로 하고 있어요.

문화국가

문화국가의 원리는 국가로부터 문화 활동의 자유를 보장받고, 국가가 문화를 보호하고 형성해야 한다는 원리입니다. 국가는 문화를 보호하고 형성하기 위해 개입할 수 있지만, 어떤 문화 현상을 선호하거나 우대하는 경향을 보이지 않는 불편부당의 원칙에 따라야 해요. 즉, 국가는 문화 그 자체가 아니라 문화가 생겨날 수 있는 환경을 조성하는 데 노력을 기울여야 한다는 의미입니다.

국제평화주의

제1차 세계대전의 상처가 채 아물기도 전에 제2차 세계대전이 벌어졌습니다. 제2차 세계대전이 끝난 직후인 1945년 10월 24일에 유엔이 세계 평화를 유지하기 위한 목적으로 설립되었어요. 유엔 헌장에는 침략 전쟁뿐만 아니라 분쟁 해결 수단으로 전쟁을 하지 말도록 하는 규정이 있어요. 헌법은 대한민국이 국제 평화의 유지에 노력해야 한다고 하면서 침략적 전쟁을 금지하고 있습니다. 국제 평화는 이렇게 각 국가가 국제법을 존중하고 지켜야 이룰 수 있겠죠? 헌법은 헌법에 의해 체결·공포된 조약, 일반적으로 승인된 국제 법규에 대해 국내법과 같은 효력을 부여하면서 국제법을 존중하고 있어요.

평화통일주의

우리나라는 전 세계에서 유일하게 남은 분단국가예요. 헌법은 자유민주적 기본질서의 입장에서 평화적인 방법으로 통일해야 한다고 규정하고 있어요. 이에 따라 대통령은 평화적 통일을 위해 성실하게 노력해야 할 의무가 있답니다.

헌법에 명시된 대한민국의 통치 구조

앞에서 우리는 대한민국 헌법의 기본원리가 무엇인지 살펴봤어요. 헌법 제1조는 대한민국은 국민이 주인인 국가이고, 대한민국의 주권은 국민에게 있다고 규정하고 있습니다. 이 국민주권의 원리를 실현하기 위해 헌법이 어떠한 통치 구조를 규정하고 있는지 살펴보려고 해요. 국민주권의 원리를 실현하기 위한 기본적인 제도인 대의제와 권력분립제도를 먼저 알아보고, 우리나라의 통치 구조가 어떻게 되어 있는지 알아봐요.

대의제

우리나라는 국민이 주인이고, 주권이 국민에게 있어요. 그렇지만 모든 국민이 국가의 의사 결정이 직접 참여하는 것은 현실적으로 불가능해요. 그래서 국민이 대표자를 선출해서 그 대표자를 통해 간접적으로 국가의 의사 결정에 참여하는 대의제로 국민주권의 원리를 실현하고 있어요. 헌법은 국회를 구성하는 국회의원, 정부의 대표자인 대통령을 국민이 선거를 통해 선출하게 합니다. 헌법은 대의제를 원칙으로 해서 국회와 대통령을 대의기관으로 두고 있는 것이죠.

권력분립

중세 시대와 근세 시대에는 왕이 법을 만들고, 법을 집행하고, 재판까지도 하는 막강한 힘을 가지고 있었어요. 왕 혼자 큰 권력을 가지고 있다 보니 그 권력을 마음대로 사용해서 국민이 참 힘들었지요. 권력분립은 국가 권력을 여러 국가기관에 분산시켜서 힘을 남용하지 못하게 서로 견제해, 균형을 맞추게 하는 제도예요. 국가기관 사이의 견제와 균형을 통해 국민의 자유와 권리를 보호하려는 것이죠.

앞서 살펴본 사회계약론을 주장한 사람 중에 로크가 있습니다. 로크는 입법권과 집행권을 한 기관에 주면 안 된다는 이권 분립을 주장했어요. 로크가 말하는 집행권에는 집행권과 사법권이 포함되어 있었어요. 입법권은 법을 만드는 권한, 집행권은 입법권에 따라서 만들어진 법을 집행하는 권한, 사법권은 법을 적용해서 재판하는 권한을 의미해요.

몽테스키외는 로크의 이권분립론에서 한 걸음 더 나아가 삼권분립을 주장했어요. 국가 권력을 입법권, 집행권, 사법권으로 나눠야 한다고 했던 거죠. 사실 몽테스키외는 프랑스의 귀족이었는데, 시민혁명으로 귀족들의 모든 권한을 빼앗기는 것보다는 나눠 주는 것이 나을 것 같다는 생각으로 삼권분립론을 주장했던 거예요. 오늘날의 권력분립과는 다른 의도가 숨어 있었지요.

미국 독립혁명 후에 만들어진 미국 연방헌법은 몽테스키외의 삼권분립론에 영향을 받아 삼권분립이 최초로 헌법에 명문화되었어요. 몽테스키외의 숨은 의도에도 불구하고 권력을 나눠서 견제와 균형의 원리를 실현하는 게 권력 남용을 막는 좋은 생각이었던 것이죠. 이후, 세계 각국은 권력분립을 제도화시켜 갔어요. 우리나라 헌법도 입법권은 국회에, 집행권은 대통령과 행정부에, 사법권은 법원에, 법률이 헌법에 위반되는지 여부 등을 심사하는 권한은 헌법재판소에 나눠 갖도록 해서 권력분립제도를 채택하고 있어요.

정부 형태

나라마다 정부 형태가 다른데요, 이건 입법부와 행정부의 관계에 따라 구분됩니다. 즉, 행정부의 수장을 어떻게 선출하는지에 따라 대통령제와 의원내각제로 나뉘는 거죠. 대통령제 국가에서는 행정부 수장인 대통령과 국회를 구성하는 국회의원을 선거를 통해 선출해요. 우리나라와 미국이 대통령제 국가이죠. 의원내각제 국가에서는 국회를 구성하는 국회의원만 선거로 뽑고, 국회에서 행정부 대표인 수상(혹은 총리)을 뽑아요. 영국과 일본이 대표적인 의원내각제 국가랍니다.

대한민국의 통치 구조

대한민국의 통치 구조는 크게 국회, 정부, 법원, 헌법재판소, 지방자치제도로 나눌 수 있습니다.

국회

국회는 법률을 제정하고 개정하는 입법권이 있어요. 또 국가의 예산안을 심의해 확정하는 권한도 있답니다. 국회는 국회의원으로 구성되는데, 국회의원의 임기는 4년이에요. 헌법은 국회의원 수를 200명 이상으로 해서 법률로 정하도록 하는데, 공직선거법에서는 국회의원 정수를 300명(2022. 10. 21. 기준)으로 정하고 있어요. 국회의 조직과 운영에 관한 법으로는 국회법이 있습니다.

정부

정부는 국회에서 만든 법률을 실질적으로 집행하는 집행권이 있어요. 정부는 대통령, 국무총리, 행정부로 구성돼요. 정부의 권한에 속하는 중요한 정책을 심의하기 위해 대통령, 국무총리, 국무위원으로 구성되는 국무회의도 있어요. 대통령은 외국에 대한민국을 대표하는 행정부의 가장 높은 책임자입니다. 우리나라 대통령의 임기는 5년이고 한 번만 할 수 있죠. 국무총리는 국회의 동의를 얻어 대통령이 임명하고, 대통령을 보좌하는 역할을 합니다. 행정부에는 교육부, 외교부, 통일부와 같은 중앙행정기관이 있습니다. 행정부의 장관은 국무위원이 같이 맡는데, 국무위원 중에서 국무총리의 임명 요청에 따라 대통령이 임명해요. 정부의 조직들과 그 조직이 하는 일의 범위를 정하기 위한 정부조직법이 있습니다.

법원

법원은 법률을 적용하고 재판하는 사법권이 있어요. 법원은 최고 법원인 대법원과 전국의 많은 법원으로 구성돼요. 대법원의 대표자인 대법원장은 국회의 동의를 얻어 대통령이 임명합니다. 대법원에는 대법관을 두는데, 대법원장이 대법관을 임명해 달라고 요청하면 대통령이 국회의 동의를 얻어서 임명해요. 법원의 조직에 관한 법으로 법원조직법이 있어요.

헌법재판소

헌법재판소는 법률이 헌법에 위반되는지를 심사해요. 헌법재판소는 9명의 재판관으로 구성되며, 헌법재판소 재판관의 임기는 6년이고, 연이어서 한 번 더 할 수 있습니다. 헌법재판관 9명은 대통령이 임명하는데, 9명 중 3명은 국회에서 선출하는 사람을, 3명은 대법원장이 지명하는 사람을 임명해요. 헌법재판소의 대표자인 헌법재판소장은 국회의 동의를 얻어 헌법재판관 중에서 대통령이 임명해요. 헌법재판소의 조직과 운영, 헌법재판의 절차 등을 규정한 헌법재판소법이 있어요.

지방자치제도

헌법은 지방자치제도를 두고 있어요. 지방자치제도는 시·도, 시·군·구의 일정한 지역을 단위로 해서, 각 지역의 주민들이 선출한 기관을 통해 지방에 관한 여러 가지 사무를 직접 처리하게 하는 제도입니다. 지방자치단체는 시장, 도지사 등의 지방자치단체의 장과 시의회, 도의회 등의 지방의회로 구성돼요. 지방자치단체의 장과 지방의회의원은 지역 주민들이 선거를 통해 선출합니다. 이런 지방자치제도를 위해 지방자치법이 제정되어 있어요.

헌법의 개정 절차

앞에서 개헌에 관해 살짝 언급했는데요, 헌법은 정확히 어떠한 절차를 거쳐서 개정될까요? 우선, 헌법 개정을 제안할 수 있는 기관은 국회와 대통령입니다. 국회는 국회 재적의원 과반수가 발의하면 헌법을 개정하자고 제안할 수 있어요. 대통령은 국무회의의 심의를 거쳐 헌법 개정을 제안할 수 있고요.

이렇게 제안된 헌법 개정안은 대통령이 20일 이상 국민에게 공고해야 해요. 헌법을 개정하려는 이유가 무엇이고, 어떠한 내용을 개정하려고 하는지 국민이 충분히 알게 하려는 것이지요. 이러한 공고 절차는 국민의 합의를 끌어내기 위한 것이라서 생략할 수 없어요.

국회는 헌법 개정안이 공고된 날로부터 60일 이내에 의결해야 해요. 국회에서 의결할 때는 국회 재적의원 3분의 2 이상이 찬성해야 합니다. 이때 국회는 국민에게 공고된 내용과 다른 내용으로 수정해서 의결할 수 없어요. 국회에서 재적의원 3분의 2 이상이 헌법 개정에 찬성으로 의결하면, 대통령은 30일 이내에 국민투표에 붙여야 해요. 국민투표에서 국회의원 선거권자의 과반수가 투표하고, 투표한 사람 중 과반수가 헌법 개정안에 찬성하면 헌법 개정이 확정됩니다. 헌법 개정이 확정되면, 대통령은 즉시 위와 같은 절차를 거쳐 헌법 개정이 확정되었다는 사실을 국민에게 널리 알려야 해요. 국민에게 널리 알리는 것을 공포라고 합니다. 헌법 개정 과정을 간단히 정리하면 다음과 같아요.

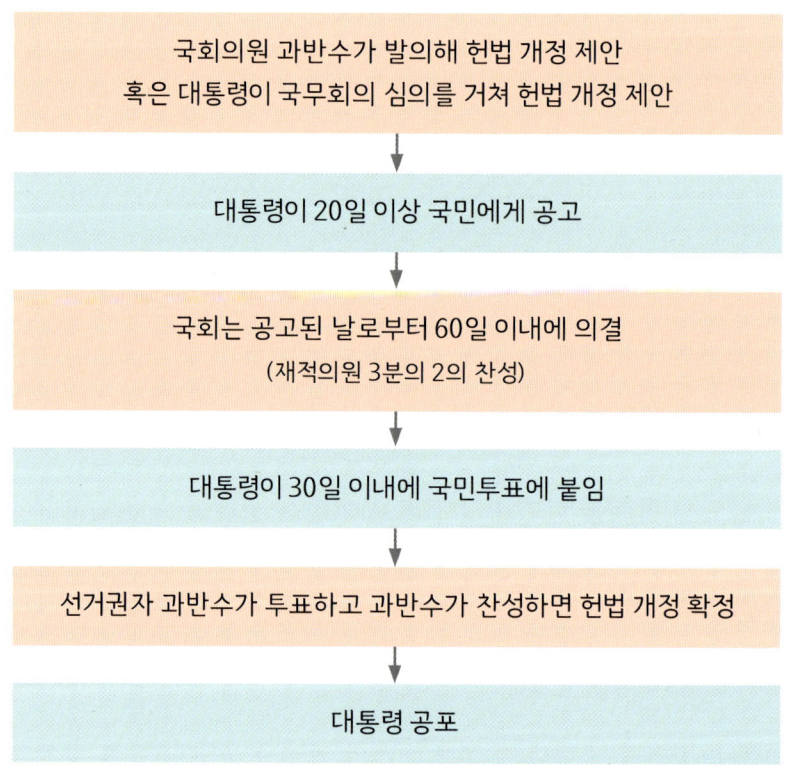

헌법재판소가 하는 일

　법률, 명령, 조례 및 규칙은 헌법에 위반되면 안 됩니다. 그럼 각 법이 헌법에 위반되는지는 누가 판단할까요? 법원은 명령, 조례, 규칙이 헌법과 법률에 위반되는지를 심사할 권한이 있어요. 그런데 법원은 법률 규정의 구체적인 내용이 무엇인지 해석할 수는 있지만, 법률이 헌법에 위반되는지를 심사할 수는 없습니다. 법률의 헌법 위반 여부는 바로 헌법재판소에서 심사합니다. 법률이 헌법에 위반되는지를 심사하는 것을 위헌법률심판이라고 해요. 헌법재판소는 위헌법률심판 외에도 헌법소원심판, 탄핵심판, 정당해산심판, 권한쟁의심판을 할 수 있어요. 헌법재판소가 하는 일을 차근차근 알아보도록 해요.

위헌법률심판

　법원에서 어떤 사건을 재판할 때, 법률이 헌법에 위반되는지에 따라 재판 결과가 달라지는 경우나 재판 결과에 영향을 미치는 경우가 있어요. 이를 재판의 전제성이라고 해요. 법원은 법률이 헌법에 위반되는지가 재판의 전제가 될 때 헌법재판소에 이를 심사해 달라고 요청할 수 있어요. 법원이 이런 요청을 하는 것을 위헌법률심판제청이라고 합니다. 법원은 위헌법률심판제청을 스스로 할 수 있어요. 그리고 재판을 받는 당사자가 법원에 위헌법률심판제청을 해달라고 신청할 수도 있는데, 법원은 이 신청에 대해서 위헌법률심판제청을 할지 말지를 결정해요. 이처럼 헌법재판소가 법원의 제청에 따라 법률이 헌법에 위반되는지를 심사해 판단하는 제도를 위헌법률심판이라고 해요. 헌법재판소가 법률이 헌법에 위반된다(위헌이다)라고 결정하려면, 헌법재판소 재판관 9명 중 7명이 심리에 참석해서 6명이 찬성해야 해요.

헌법소원심판

국가기관이 제멋대로 권력을 행사하거나 혹은 제대로 행사하지 않아 국민의 기본권이 침해될 때, 기본권이 침해된 사람이 헌법재판소에 직접 그 침해의 원인이 되는 국가기관의 권력 행사나 불행사에 대해서 헌법에 위반되는지를 심사해 달라고 청구하는 제도가 헌법소원심판제도예요.

앞서 법원에서 재판받는 당사자가 법원에 위헌법률심판제청을 해 달라고 신청할 수도 있다고 했잖아요. 그때 법원이 당사자의 신청을 받아들이지 않으면, 당사자는 헌법재판소에 직접 법률의 위헌 여부를 판단해 달라는 헌법소원심판 청구를 할 수도 있어요. 헌법재판소가 헌법소원심판을 청구한 사람의 손을 들어주기 위해서는 헌법재판소 재판관 9명 중 7명이 심리에 참석해서 6명이 찬성해야 합니다.

탄핵심판

탄핵심판은 고위 공직자가 직무상 중대한 위법행위를 했을 때 헌법재판소가 심사를 해서 고위 공직자가 그 자리에서 물러나게 파면할 수 있는 제도예요. 헌법재판소에 고위 공직자를 탄핵심판을 해달라고 청구할 수 있는 곳은 국회입니다. 국회 재적의원 3분의 1 이상이 고위 공직자에 대해 탄핵해야 한다고 발의해서 국회 재적의원 과반수가 찬성해야 해요. 고위 공직자 중 대통령에 대해서는 국회 재적의원 과반수가 발의해서 국회 재적의원 3분의 2 이상이 찬성해야 해요. 이렇게 고위 공직자에 대해 헌법재판소에 탄핵을 심사해 달라고 의결하는 것을 탄핵소추 의결이라고 합니다. 헌법재판소는 국회의 탄핵소추 의결이 있어야 탄핵심판을 할 수 있어요. 헌법재판소가 국회의 탄핵소추 의결에 대해서 탄핵을 결정하려면 재판관 9명 중 7명이 심리에 참석해서 6명이 찬성해야 합니다.

우리나라 국회에서는 대통령에 대한 탄핵소추 의결이 두 번 있었어요. 노무현 전 대통령과 박근혜 전 대통령이에요. 헌법재판소는 노무현 전 대통령에 대한 탄핵은 인정하지 않았고, 박근혜 전 대통령에 대한 탄핵은 인정했어요. 탄핵의 대상이 되는 고위 공직자에는 대통령 외에도 검사, 법관, 헌법재판소 재판관이 포함됩니다.

정당해산심판

헌법은 정당을 자유롭게 설립할 수 있고, 정당이 여러 개 있는 복수정당제도를 인정하고 있어요. 그런데 헌법에서는 정당의 목적이나 활동이 민주적 기본질서에 위배될 때에는 정부가 헌법재판소에 정당을 해산해 달라고 청구할 수 있고, 헌법재판소의 심판에 의해서 정당이 해산된다고 규정하고 있어요.

정부가 민주적 기본질서에 위배되는 정당을 헌법재판소에 해산해 달라고 청구할 때는 국무회의 심의를 거쳐야 해요. 헌법의 기본원리 중 자유민주주의를 설명할 때 자유민주적 기본질서의 의미가 무엇인지 이야기했잖아요. 민주적 기본질서와 자유민주적 기본질서는 같은 의미라고 볼 수 있어요.

헌법재판소가 정당의 해산을 결정하기 위해서는 헌법재판소 재판관 9명 중 7명이 심리에 참석해서 6명이 찬성해야 해요.

권한쟁의심판

권한쟁의심판은 국가기관 사이의 권한에 대한 다툼, 국가기관과 지방자치단체 간의 권한에 대한 다툼, 지방자치단체 간의 권한에 대한 다툼이 있는 경우, 헌법재판소가 그 권한이 누구에게 있는지 결정하는 제도예요. 헌법재판소 재판관 9명 중 7명이 심리에 참석해야 하고 그중 과반수의 찬성으로 권한쟁의심판 결정을 합니다.

재미있는 법 이야기

"마버리 대 매디슨 사건"
(Mabury vs. Madison)

판결을 통해 본 미국 연방대법원의 위헌법률심사

우리나라는 일반 법원과 별개로 헌법재판소가 있고, 헌법재판소가 법률이 헌법에 위반되는지를 심사하는 등의 헌법재판을 합니다. 하지만 미국은 일반 법원의 최고 법원인 연방대법원이 법률이 헌법에 위반되는지 아닌지를 심사해요. 그런데 놀랍게도 미국 연방헌법에는 연방대법원이 위헌법률을 심사할 수 있다고 명시된 규정이 없어요. 그럼 미국 연방대법원은 어떻게 위헌법률심사를 할 수 있게 되었을까요?

1796년 미국 대통령 선거에서 제2대 대통령으로 존 애덤스가 당선되었어요. 존 애덤스는 미국 연방정부의 역할을 중요시하는 연방주의자였습니다. 그런데 1800년 미국 대통령 선거에서 토머스 제퍼슨이 제3대 대통령으로 당선되었어요. 토머스 제퍼슨은 미국 각 주의 자치를 중요시하는 공화주의자였지요. 존 애덤스와 토머스 제퍼슨은 1796년 대통령 선거와 1800년 대통령 선거에 모두 출마했는데, 1796년 선거에서는 존 애덤스가 당선되고, 1800년 선거에서는 토머스 제퍼슨이 당선됐어요. 1800년 선거에서 진 존 애덤스는 자신의 임기가 끝나기 직전 연방주의자에 속하는 판사 42명을 한꺼번에 지명했어요. 사법부에 연방주의자를 많이 심어 놓겠다는 의도였지요. 그러나 급하게 임명 절차를 진행하다 보니 차질이 생겨 윌리엄 마버리(William

Mabury)를 비롯한 판사 지명자 3명은 존 애덤스가 퇴임할 때까지 임명장을 못 받았어요.

새롭게 대통령으로 취임한 토머스 제퍼슨은 아직 전달되지 않은 임명장을 담당자들에게 전달하지 못하게 했어요. 그래서 토머스 제퍼슨이 국무장관으로 임명한 제임스 매디슨(James Madison)은 판사 임명장을 교부해 달라는 마버리의 요청을 거절했지요. 마버리는 법원조직법 제13조에 근거해서 연방대법원에 임명장을 교부해 달라는 소송을 제기했어요. 법원조직법 제13조에는 연방대법원이 하급 법원 판사나 정부 공무원에게 직무 집행 영장을 발부할 수 있다는 조항이 포함되어 있었거든요. 당시 미국 연방대법원의 대법원장은 존 마셜이었습니다. 연방주의자인 존 애덤스가 대통령으로 있을 때 존 마셜이 국무장관으로 있었고, 전달되지 못한 마버리의 임명장에도 국무장관으로서 서명했었지요. 존 애덤스가 대통령직에서 퇴임하기 전에 급하게 존 마셜을 대법원장으로 임명했는데, 마셜 대법원장은 자신이 서명했던 임명장에 관해서 재판을 하게 된 것입니다. 참 기구하죠.

이런 상황에서 연방대법원은 이 사건으로 인해 더 곤란한 상황에 처하게 되었어요. 당시 연방대법원은 별도의 건물도 없이 국회 의사당 회의실을 빌려 업무를 보고 있었던 거예요. 이렇게 연방대법원의 지위가 불안정한 상황에서 연방대법원이 마버리의 손을 들어주면, 대통령인 토머스 제퍼슨이나 국무장관인 제임스 매디슨이 연방대법원의 판결을 무시하고 판결에 따른 집행을 하지 않을 것이 예상되어 사법부의 위신이 땅에 떨어질 수 있었지요. 또 제임스 매디슨의 손을 들어주면 연방대법원이 행정부의 시녀 노릇을 한다는 비판이 제기될 것이 명백했어요.

1803년 2월 24일, 미국 연방대법원은 헌법재판의 기념비가 될 만한 판결을 했습니다. 연방대법원은 먼저, 마버리는 임명장을 받을 권리가 있다고 했어요. 뒤이어, 연방헌법이 연방대법원은 국가에서 해외로 보내는 대사, 공사, 영사와 관련이 있는 사건이나 미국의 각 주가 사건 당사자가 되는 사건들에 대해 1심 재판권을 가지고, 그 외에는 상소심 재판권을 가진다고 규정하고 있다고 했지요. 그런데 마버리가 매디슨을 상대로 제기한 소송은 연방헌법이 규정하는 연방대법원의 1심 재판권에 속하는 사건이 아니고, 하급 법원에 제기해 하급 법원의 판결에 불복해서 상소가 되어야 연방대법원이 재판할 수 있다고 했어요. 결국 연방대법원은 1798년에 제정된 법원조직법 제13조는 연방헌법에 위반되고, 위헌에 해당하므로 삭제되어야 한다고 판결했습니다.

"마버리 대 매디슨" 판결로 마버리는 임명장을 받지 못했지만, 이 판결로 미국 행정부와 의회는 깜짝 놀랄 수밖에 없었어요. 사법부인 연방대법원이 의회에서 제정한 법률에 대해서 헌법에 위반된다고 판결했기 때문이에요. 이 판결로 사법부의 위상은 급상승하게 되었어요. 미국 연방대법원은 1803년 2월 24일의 "마버리 대 매디슨" 판결로 연방대법원이 위헌법률을 심사할 수 있다는 원칙을 세웠고, 그 이후로 계속 위헌법률 심사를 해오고 있어요.

6장

헌법에 보장된 기본권을 누려요

인권과 기본권

인권은 인간으로 태어나면서 자연스럽게 갖게 되는 권리를 말해요. 이 인권의 개념은 자연법과 사회계약론에 기초를 두고 있어요. 기본권이라는 말은 1919년 독일 바이마르 헌법에서 처음 사용되었어요. 1949년 제정된 독일기본법에도 기본권이라는 표현이 쓰였고요.

우리 헌법에는 기본권이라는 직접적인 표현은 없어요. 그렇지만 기본권은 인권이 헌법에 규정되어 헌법적 가치를 지닌 국민의 자유와 권리를 의미한다고 할 수 있어요. 헌법에 규정된 기본권은 크게 인간의 존엄과 가치, 행복추구권, 평등권, 자유권, 참정권, 사회권, 청구권으로 나눌 수 있습니다. 그런데 헌법에 규정된 기본권만 인정될까요? 그건 아니에요. 헌법은 제37조 제2항에서 "국민의 자유와 권리는 헌법에 열거되지 아니한 이유로 경시되지 아니한다"라고 규정하고 있어요. 이를 근거로 인간의 존엄과 가치에는 생명권 등이, 행복추구권에는 하기 싫은 일을 강요당하지 아니할 자유 등이 포함돼 있다고 보고 있어요. 그럼 이제부터 이 기본권에 대해 하나씩 알아보도록 해요.

인간의 존엄과 가치, 행복추구권

헌법은 제10조에서 "모든 국민은 인간으로서 존엄과 가치를 가지고, 행복을 추구할 권리를 가진다"라고 규정하고 있어요. 헌법 제10조는 모든 기본권 보장의 기본 이념이라고 할 수 있습니다.

인간으로서의 존엄과 가치에서는 생명권, 일반적 인격권이 나와요. 생명은 한 번 잃으면 영원히 회복할 수 없고 이 세상 무엇과도 바꿀 수 없죠. 한 사람의 생명은 고귀하고 인간의 근원이라고 할 수 있어요. 우리나라는 형벌 중 사형을 형법에 규정하고 있는데, 사형제도가 생명권을 침해하는 것이라는 견해가 있어요. 이에 대해 헌법재판소는 다른 생명 또는 공공의 이익을 보호하기 위해 불가피한 경우에만 예외적으로 허용되는 필요악이라고 보고 있지요.

일반적 인격권에는 인격의 기초를 이루는 명예권, 성명권, 초상권 등이 있어요.

헌법재판소는 이름은 인격을 상징하는 의미가 있고 이름으로 인해 불이익을 받지 않고, 이름을 국민 각자의 관리와 처분 아래 둘 수 있는 권리인 성명권이 있다고 했어요. 또 함부로 얼굴을 촬영당하거나 그림으로 묘사되지 않고, 영리를 목적으로 이용당하지 않을 권리가 있다고 했어요.

    행복추구권의 내용에는 하기 싫은 일을 강요당하지 아니할 권리, 계약을 자유롭게 체결할 권리, 자신의 개성을 자유롭게 표현할 수 있는 권리 등이 있답니다.

평등권

헌법 제11조 제1항에는 "모든 국민은 법 앞에 평등하다. 누구든지 성별·종교 또는 사회적 신분에 의하여 정치적·경제적·사회적·문화적 생활의 모든 영역에 있어서 차별을 받지 아니한다"라고 규정되어 있어요. 평등권은 국가가 입법(법을 만드는 것)을 하거나 법을 해석하고 집행할 때 따라야 하는 기준이에요. 또 국민이 국가에 대해 합리적 이유 없이 불평등한 대우를 하지 말 것과 평등한 대우를 요구할 수 있는 기본권입니다. 하지만 평등은 모든 차별을 부정하는 것이 아니기에, 합리적인 근거가 있는 차별은 허용될 수 있어요. 헌법은 차별 금지 사유로 성별, 종교, 사회적 신분을 들고 있는데, 출신 지역, 출신 학교, 용모나 나이 등을 이유로도 불합리한 차별을 하면 안 돼요.

대한민국 국민 중 남성은 일정한 나이가 되면 군대에 가야 하는 병역의 의무가 있어요. 여성은 지원하여 군인이 될 수 있고요. 그런데 남성에게만 병역의 의무를 지우는 것이 평등의 원칙에 위반되는 게 아니냐고 헌법소원이 제기된 적이 있었어요. 헌법재판소는 성별을 기준으로 병역의 의무를 지우는 것은 남성과 여성은 서로 다르고, 다른 것을 다르게 취급하는 것이므로 합리적인 차별이라고 보아 평등의 원칙에 위반되지 않는다고 했어요.

또 다른 예로, 헌법재판소는 초·중등학교 교사에 대해서는 정당 가입을 금지하면서 대학 교수에게는 허용하고 있어요. 이에 대해서 헌법재판소는 초·중등학교 교사가 일반적으로 승인된 기초적인 지식 전달에 중점을 두는 반면에, 대학교 교수는 학생을 교육하기도 하지만 주된 직무는 학문의 연구 활동이어서 서로 직무의 본질 등이 다르기 때문에 합리적인 차별이라고 했어요.

한편, 예전에는 병역의 의무를 이행한 남성에게만 공무원 시험에서 점수를 더 주는 가산점 제도가 있었어요. 이에 관해서 헌법재판소는 제대 군인 가산점 제도의 목적은 제대 군인의 사회 복귀를 지원하는 것으로 정당하다고 했어요. 그러나 이 제도는 공무원으로서 일을 처리하는 능력과 합리적 관련성을 인정할 수 없는 조건인 성별, 신체 등을 기준으로 여성 또는 병역면제자 등을 차별하기 때문에 차별 취급의 적합성을 상실했다고 했어요. 나아가, 차별을 통해 달성하려는 목적과 차별로 인해 발생한 불평등 사이에 비례관계가 성립하지 않으므로 평등의 원칙에 위반된다고 판단했어요. 이후, 제대 군인이 공무원 시험을 볼 때 받던 가산점 제도는 없어졌습니다. 대신 제대 군인이 채용 시험에 응시할 수 있는 나이가 연장되었고, 채용되었을 때 군 복무 기간이 근무 경력으로 인정될 수 있게 하는 제도로 바뀌었어요.

미국 연방대법원의 평등권에 관한 판결

플레시 대 퍼거슨 사건(Plessy vs. Ferguson, 1896년)

1787년 9월 17일에 미국 연방헌법이 제정될 당시 미국에는 노예제도가 인정되고 있었어요. 그래서 제정된 미국 연방헌법에는 노예제도와 관련된 내용이 없었어요. 그 후 시간이 흘러 1861년 4월에 미국의 남북전쟁이 일어났습니다. 미국 북부에 있는 주들은 노예제도가 폐지되어야 한다는 의견이었고, 남부에 있는 주들은 노예제도를 지지했어요. 미국 남부에 있는 주들이 모여 남부 연합을 만들고 미국으로부터 분리를 선언하면서 남북전쟁이 일어나게 된 것이죠. 이 당시 미국 대통령은 링컨이었어요.

미국의 남북전쟁은 1865년까지 계속되었는데, 노예제도를 폐지하자는 견해를 지지했던 북군의 승리로 끝이 났지요. 남북전쟁이 끝난 후, 노예제도를 폐지하는 미국 수정헌법 제13조, 흑인도 미국의 시민이고 미국 시민의 권리가 보장된다는 취지의 미국 수정헌법 제14조, 흑인에게도 투표권을 부여하는 미국 수정헌법 제15조가 추가되었어요.

미국 연방헌법에 노예제도를 폐지하고, 흑인도 백인과 같은 권리가 있다고 규정되었지만, 여전히 흑인을 차별하는 일들이 계속 있었어요. 1890년 미국 루이지애나주에는 차량 분리법이 있었어요. 이 차량 분리법은 기차에 백인이 타는 칸과 흑인이 타는 칸을 구별해서 분리하는 것을 의무로 규정했지요. 1892년 플레시라는 이름의 흑인이 백인이 타는 칸에 올라탔다가 차량 분리법을 위반했다는 이유로 체포돼 재판을 받게 되었어요. 재판에서 플레시는 차량 분리법이 미국 수정헌법 제13조, 제14조에 위반된다고 주장했지만, 플레시의 주장은 받아들여지지 않았어요. 결국 플레시 사건은 미국 연방대법원까지 가게 되었어요. 1896년 미국 연방대법원은 백인과 흑인은 정치적으로만 동등하고 현실적으로 흑인들이 백인보다 사회적으로 열등하다고 하면서, 차량 분리법은 흑인이 백인용 칸에 탈 수 없고 백인도 흑인용 칸에 탈 수 없도록 했기 때문에 차별이라고 볼 수 없다고 판단했어요. 미국 연방대법원이 플레시 대 퍼거슨 사건에서 내린 "분리하지만 동등하게(Separate but equal)"라는 판결은 학교, 식당, 극장 등에서도 백인과 흑인을 구별하는 것을 정당화하는 근거가 되었어요.

브라운 대 토피카시 교육위원회 사건
(Brown vs. Board of Education of Topeka, 1954년)

"분리하지만 동등하게"라는 판결은 1954년에 가서야 미국 연방대법원에 의해 폐기됩니다. 이 당시 미국 캔자스주는 15,000명 이상이 거주하는 지역은 흑인과 백인 학생을 분리해 별도의 학교를 운영하도록 했어요. 캔자스주의 작은 도시 토피카시 역시 이 정책을 따르고 있었고요. 이 때문에 토피카에 살던 초등학교 3학년인 8세 흑인 소녀 린다 브라운은 집에서 가까운 백인들만 다니는 학교를 놔두고 약 1.6km나 떨어진 흑인들만 다니는 학교에 매일 걸어 다녀야 했어요. 린다의 아버지 올리브 브라운은 집에서 가까운 백인들만 다니는 학교로 전학을 신청했는데, 흑인이라는 이유로 거절당했어요. 이에 올리브 브라운은 학부모 13명과 함께 토피카시 교육위원회를 상대로 소송을 제기했습니다.

　이 사건도 연방대법원까지 올라갔고, 1954년 연방대법원은 교육의 기회는 누구에게나 동등한 조건으로 부여되어야 한다고 하면서, 피부색이 다르다는 이유만으로 또래 다른 어린이들로부터 격리하는 것은 열등감을 조장하고 마음의 상처를 줄 수 있다고 했어요. "분리하되 동등하게"라는 정책은 설 자리가 없어졌고, 분리된 교육 시설은 근본적으로 동등할 수 없다고 판단한 거지요.

자유권

🔸 신체의 자유

헌법 제12조 제1항은 "모든 국민은 신체의 자유를 가진다"라고 규정하고 있어요. 중세 시대에 왕의 한마디면 어떤 절차도 없이 국민이 감옥에 갇히고 고문을 당했어요. 마녀재판에서 봤던 것처럼 끔찍한 고문도 이루어졌고요. 현대 시대에 넘어와서도 권력을 쥔 독재자가 아무렇게나 사람을 가두고 고문했어요. 이런 일이 반복되지 않도록 우리 헌법은 국민이 강압적인 힘으로부터 침해당하지 않고 신체 활동을 자유롭게 할 수 있는 권리인 신체의 자유가 있다고 규정하고 있습니다. 고문은 절대 금지고요.

이런 신체의 자유는 국가가 범죄를 저질렀다고 의심되는 사람을 수사해 법원에서 재판을 받게 하고, 형벌을 주는 과정인 형사사건에서 주로 문제가 됩니다. 형사사건이 처리되는 절차를 형사소송이라고 하고, 형사소송에서 법원이 판결하는 것을 형사재판이라고 해요. 그래서 헌법은 신체의 자유를 보장하기 위해서 몇 가지 원칙을 더 규정하고 있어요. 죄형법정주의, 형벌 불소급의 원칙, 적법절차의 원리, 무죄추정의 원칙, 영장주의, 진술거부권, 변호인의 조력을 받을 권리 등이 대표적이지요. 되게 무섭고 어려워 보이지만 차근차근 하나씩 알아보면 꼭 그렇지만도 않아요.

죄형법정주의

죄형법정주의는 "법률 없으면 범죄 없고, 형벌도 없다"라는 말로 표현할 수 있어요. 이미 만들어진, 정의로운 법률에 따르지 않으면 처벌할 수 없다는 원칙이에요. 어떠한 행위가 범죄가 되고 처벌되는지 국민이 알 수 있게 법률로 정하도록 해 놓은 겁니다. 법률로 정해서 국가가 마음대로 국민의 자유와 권리를 침해하지 않도록 하기 위한 것이죠.

형벌 불소급의 원칙

A라는 행위를 했던 그 당시에는 처벌하는 규정이 없었는데, 그 이후에 그 행위를 처벌하는 법률이 제정되었다고 해봐요. 그럼 그 법을 적용해 그 전에 일어났던 일을 처벌할 수 있을까요? 그렇지 않아요. 형벌 불소급의 원칙 때문이에요. 형벌 불소급의 원칙은 '사후에(나중에) 만들어진 법으로 그 행위가 있었던 과거로 거슬러 올라가서 처벌할 수 없다'라는 원칙입니다. 여러분과 제가 했던 A라는 행동이 범죄

가 되는 것이 아니었는데, 1년 후에 그 행동이 죄가 되는 행위라고 법으로 규정해서 1년 전에 했던 행위를 처벌한다고 생각해 보세요. 그럼 여러분과 저는 불안에 떨며 생활할 거예요. 형벌 불소급의 원칙은 국민이 안정적인 생활을 할 수 있도록 하기 위한 거랍니다.

적법절차의 원칙

적법절차의 원칙은 입법, 집행, 사법 등 모든 국가 작용은 정당한 법을 근거로 해서 정당한 절차에 따라 행사되어야 한다는 원칙을 의미해요. 경찰은 범죄혐의가 있는 사람을 수사해요. 범죄혐의가 있어 수사받는 사람을 피의자라고 하지요. 경찰이 범죄를 저질렀다고 강하게 의심이 가는 피의자를 수사하기 위해 경찰서에 출석하라고 통지했는데, 피의자가 이유도 없이 계속 출석하지 않거나, 도망을 가 버리면 수사가 진행되기 어렵죠. 그렇다고 경찰이 피의자를 아무렇게나 잡아서 가둬 둘 수는 없어요. 적법절차의 원칙에 위반되는 거니까요.

이럴 때 경찰은 검사에게 피의자의 신체의 자유를 48시간 동안 제한하여 가둬 두는 체포영장 또는 장기간 신체의 자유를 제한할 수 있는 구속영장을 법원으로부터 받아 달라고 요청해요. 검사가 경찰의 요청이 정당하다고 판단하면 법원에 체포영장 또는 구속영장을 신청해요. 법원은 검사가 신청한 체포영장 또는 구속영장이 법에 규정된 요건에 맞는지 심리한 후, 영장 발부를 할 것인지 말 것인지를 결정한답니다.

영장주의

경찰이 피의자 수사를 하다 보면 피의자 집에 있는 컴퓨터를 확보해서 그 안에 있는 내용을 살펴봐야 할 필요가 있을 수도 있어요. 이럴 때 경찰이 그냥 피의자 집에 들어가서 피의자 컴퓨터를 가져올 수는 없어요. 이렇게 하면 적법절차의 원칙을 위반하는 겁니다. 피의자 집에 들어가서 컴퓨터를 확보하려면 법에 따른 절차가 필요해요. 검사가 피의자 집에 들어가서 컴퓨터가 어디에 있는지 살펴보기 위한 수색영장과, 수색해 발견한 컴퓨터를 가져와서 살펴보기 위한 압수영장을 법원에 신청해서 법원으로부터 압수 및 수색 영장을 발부받아야만 해요. 체포, 구속, 압수, 수색을 강제 수사라고 하는데, 강제 수사를 할 때 법원의 영장을 받아야 한다는 원칙을 영장주의라고 해요.

무죄추정의 원칙

경찰이 피의자를 수사한 결과 죄를 범했다고 판단하면 검사에게 사건을 넘겨요. 이를 송치라고 합니다. 경찰이 수사한 서류를 경찰로부터 넘겨받은 검사가 경찰이 수사한 내용이 맞다고 판단하면 법원에 공소제기를 해요. 공소제기란 검사가 법원에 피고인이 죄를 범했는지 아닌지를 판단해서 그에 상응하는 처벌을 해 달라고 요청하는 것을 뜻해요. 기소라고도 하지요. 검사가 피의자를 법원에 공소제기하면 피의자는 피고인으로 불리게 됩니다. 경찰이 범죄를 저질렀다고 의심이 되는 사람을 수사해서 검사가 공소제기를 할 때까지 경찰과 검사가 그 사람이 죄를 범했는지를 판단하잖아요. 그렇다고 그 사람이 유죄가 되는 것은 아니에요. 무죄라고 봐야 해요. 나아가 검사의 공소제기에 의해서 법원에서 재판을 받는 피고인도 법원에서 피고인이 죄를 범한 것이 맞다는 유죄 확정판결이 있을 때까지는 무죄라고 봐야 해요. 이를 무죄추정의 원칙이라고 합니다.

진술거부권

피의자가 수사를 받을 때 유죄판결을 뒷받침할 수 있는 사실의 진술, 유죄판결에 따른 형벌을 정할 때 불리하게 될 수 있는 사실의 진술 등을 강요당하지 않을 권리를 진술거부권이라고 해요. 검사 또는 경찰은 피의자로부터 진술을 들을 때 미리 피의자에게 진술거부권이 있다고 알려 줘야 해요. 진술거부권과 변호인의 조력을 받을 권리가 있다는 것을 미리 알려 주지 않으면 적법절차의 원칙에 위반돼요. 비인간적인 자백을 강요하거나 고문을 막기 위해 인정되고 있는 권리예요.

변호인의 조력을 받을 권리

형사사건에서 피의자와 피고인은 변호사의 도움을 받을 권리가 있다는 거예요. 변호사는 형사소송에는 변호인이라고 불러요. 법률전문가인 변호사는 무죄추정을 받는 피의자와 피고인의 이야기를 듣고, 변호인으로서 법률적인 도움을 주면서 피의자와 피고인에게 억울한 일이 생기지 않도록 노력하죠.

양심의 자유

헌법 제19조는 "모든 국민은 양심의 자유를 가진다"라고 규정하고 있습니다. 양심은 사람 마음속의 윤리적이고 도덕적인 문제라고 할 수 있어요. 그럼 헌법이 양심의 자유를 통해 보호하려는 양심은 어떤 것일까요? 어떤 일의 옳고 그름을 판단하면서 그렇게 행동하지 않으면 자신의 인격적인 존재 가치가 허물어지고 말 것이라는 강력하고 진지한 마음의 소리를 의미합니다.

더 알기 쉽게 설명할게요. 대한민국 남성은 병역의 의무가 있어요. 여러분은 뉴스에서 아마 양심적 병역 거부라는 말을 들어봤을 거예요. 양심적 병역 거부는 병역 의무가 인정되는 국가에서 종교적 신앙, 윤리적인 신념 등을 이유로 전쟁 참가를 거부하거나, 평화 시기에 전쟁에 대비해 무기를 드는 병역 의무의 이행을 거부하는 것을 의미해요. 그럼 양심의 자유에 근거해서 법으로 정해진 병역 의무 이행을 거부할 수 있을까요?

헌법재판소는 과거에는 양심상의 이유로 법적 의무 이행을 거부하거나 법적 의무를 대신하는 대체 의무 제공을 국가에 요구할 수 있는 권리가 있는 것은 아니라고 결정해 왔어요. 그러다가 2018년 6월 28일, 헌법재판소는 과거 판례를 변경해서 양심을 이유로 병역을 거부하는 사람에 대해 병역 의무를 다른 것으로 대신할 수 있는 제도를 두지 않은 것은 양심적 병역 거부자의 양심의 자유를 침해한다고 결정했습니다. 이후, 병역법은 양심상의 이유로 병역을 거부하는 사람이 대체 복무를 할 수 있게 개정되었어요.

종교의 자유

헌법 제20조 제1항은 "모든 국민은 종교의 자유를 가진다"라고 규정하고 있어요. 종교의 자유란 자신이 믿는 종교를 자신이 원하는 방법으로 따르는 자유를 말해요. 이 종교의 자유에는 종교를 믿을 자유, 종교를 믿지 않을 자유가 모두 포함돼요. 한편, 종교 단체가 그 종교에 대해 교육할 수 있는 자유도 종교의 자유에 포함돼요. 여러분이 중학교나 고등학교에 입학할 때 배정된 학교 중에는 종교 단체가 설립한 사립학교가 포함될 수도 있어요. 종교 단체가 설립한 사립학교는 종교 행사나 종교 과목 수업을 시행하기도 합니다. 하지만 종교 단체가 설립한 사립학교로 배정된 학생이 그 학교의 종교를 믿지 않을 때, 학생의 종교를 믿지 않을 자유와 종교 단체의 종교 교육의 자유가 충돌하게 되는데요, 이런 경우에는 어떻게 될까요?

대법원은 종교 단체가 설립한 학교가 고등학교 평준화 정책에 따라 그 학교에 강제 배정된 학생들을 상대로 종교 행사와 종교 과목 수업을 하면서 그 행사와 수업에 참여하지 않는 게 불가능한 분위기를 조성하고, 종교 과목을 다른 것으로 대신할 수 있는 과목을 마련하지 않는 등 종교를 갖지 않은 학생이나 다른 종교를 믿는 학생의 기본권을 고려하지 않으면 위법하다고 보고 있어요.

학문·예술의 자유

헌법 제22조 제1항은 "모든 국민은 학문과 예술의 자유를 가진다"라고 규정하고 있어요. 학문의 자유와 예술의 자유를 국민의 기본권으로 인정하고 있는 것이죠. 학문의 자유는 진리를 연구하고, 연구한 결과를 발표하고, 강의할 수 있는 자유를 말해요.

예술의 자유는 예술을 창작하고 표현하는 데 부당한 간섭을 받지 않을 자유를 뜻합니다. 또 헌법 제22조 제2항은 "저작자·발명가·과학기술자와 예술가의 권리는 법률로써 보호한다"라고 규정하고 있어요. 헌법에서 추구하는 문화국가의 원리를 실현하기 위한 것이죠. 저작자, 발명가 등의 지식재산권을 보호하려는 의미도 담겨 있고요. 이러한 헌법 취지에 따라 저작권법, 특허법 등이 제정되어 저작자, 발명가 등의 권리를 구체적으로 보호하고 있습니다.

언론·출판의 자유, 집회·결사의 자유

헌법 제21조 제1항은 "모든 국민은 언론·출판의 자유와 집회·결사의 자유를 가진다"라고 규정하고 있어요. 언론·출판의 자유와 집회·결사의 자유를 통틀어 표현의 자유라고 해요. 민주주의 기본은 자기 생각과 의견을 자유롭게 표현할 수 있어야 하는 거잖아요. 그래서 표현의 자유는 민주주의에 없어서는 안 될 아주 중요한 기본권 중의 하나예요.

언론·출판의 자유는 국민이 가진 사상 또는 의견을 언어, 문자 등으로 발표할 자유예요. 집회·결사의 자유는 여러 사람이 모여 집회를 하거나 단체를 조직(결사)할 수 있는 자유를 의미해요. 어떤 문제에 대해 자유롭게 자기 생각과 의견을 표현하려면, 그 문제에 관한 정보를 충분히 알아야 하겠지요. 표현의 자유는 국민이 국가에 어떤 문제에 대한 정보를 알려 달라고 요구할 수 있는 알 권리를 포함합니다.

국가는 언론·출판에 대한 사전검열을 할 수 없어요. 검열이란 생각, 의견, 정보를 발표하기 이전에 행정부가 그 내용을 심사해서 발표하게 할지 말지를 나누는 제도예요. 여러분은 영화를 좋아하나요? 지금은 폐지되었지만 과거에 영화법이라는 게 있었어요. 이 영화법에는 지금과 같은 등급제(전체관람가, 12세 이상 관람가, 15세 이상 관람가, 청소년 관람 불가, 제한상영가)가 아닌 사전심의제가 있었어요. 공연윤리위원회라는 단체가 영화 상영 전에 심의하고, 공연윤리위원회의 심의를 받지 않으면 영화를 상영하지 못하게 했던 것이죠. 심의를 받지 않고 상영을 하면 형사처벌을 받기도 했어요. 이에 관해서 헌법재판소는 공연윤리위원회의 사전심의제도는 헌법이 금지하는 사전검열에 해당한다고 하면서 위헌이라고 결정했어요. 참고로 현재 영화 등급제에 관해서 규정하고 있는 법은 영화 및 비디오물 진흥에 관한 법률입니다.

주거의 자유

헌법 제16조는 "모든 국민은 주거의 자유를 침해받지 아니한다"라고 규정하고 있어요. 주거의 자유는 개방되지 않은 사생활을 하는 공간인 주거를 국가나 다른 사람으로부터 침해당하지 않을 권리입니다. 주거는 사람이 거주하기 위해 마련되어 있는 공간인 건물, 시설 등을 의미해요. 우리가 생활하고 있는 집은 당연히 주거에 포함되겠지요. 여러분이 공부하는 학교, 부모님이 다니시는 회사도 주거에 포함돼요. 이런 곳에 범죄혐의를 받는 사람이 있다고 제보가 들어왔어요. 하지만 수사기관은 범죄혐의를 받는 사람의 집에 함부로 들어갈 수 없어요. 주거의 자유를 해치는 거니까요. 그럼 이런 집에 압수나 수색을 하려면 어떻게 해야 할까요? 검사가 신청하고 법원이 발부한 영장에 의해서만 해야 한답니다.

사생활의 비밀과 자유

헌법 제17조는 "모든 국민은 사생활의 비밀과 자유를 침해받지 아니한다"라고 규정하고 있어요. 사생활을 영어로는 프라이버시(privacy)라고 해요. 개인의 프라이버시는 당연히 존중받고 보호받아야 합니다. 사람은 공동체를 이루어 살아가지만, 공동체 속에서도 자신의 사생활을 자유롭게 형성하고, 그 사생활이 본인의 의사에 반해서 다른 사람에게 알려지지 않게 할 수 있는 권리가 사생활의 비밀과 자유예요.

그럼 어린이집에 달린 CCTV는 어떨까요? 아이들과 보육교사의 사생활이 다 녹화되고 알려지는 건데 말이죠. 뉴스를 보면 어린이집에서 어린이를 학대한 사건이 보도되곤 해요. 이러한 문제점 때문에 현재 어린이집에는 CCTV 설치가 의무로 되어 있어요. 헌법재판소는 어린이집에 CCTV를 설치하게 하는 제도가 어린이집 원장, 어린이집 보육교사, 어린이집에 다니는 영·유아의 사생활의 비밀과 자유를 침해하지 않는다고 하면서 헌법에 위반되지 않는다고 판단했습니다.

사생활의 비밀과 자유에는 개인정보자기결정권이 포함되어 있어요. 개인정보자기결정권이란 자신에 관한 정보를 언제 누구에게 어느 범위까지 알려지게 하고, 이용되게 할 수 있는지를 자신이 결정하고 관리할 수 있는 권리를 말해요. 개인정보의 보호를 위해 '개인정보보호법'이 시행되고 있고요.

그런데 성폭력 범죄자에게도 일반 국민들처럼 개인정보자기결정권이 모두 인정될까요? 헌법재판소는 아동 또는 청소년에게 성폭력 범죄를 저지른 범죄자의 신상정보를 국가에 등록하게 하는 제도가 범죄자의 개인정보자기결정권을 침해하지 않아 헌법에 위반되지 않는다고 판단했어요.

통신의 자유

헌법 제18조는 "모든 국민은 통신의 비밀을 침해받지 아니한다"라고 규정하고 있어요. 통신의 자유란 개인이 의사나 정보를 편지, 전화, 팩스, 이메일 등의 통신 수단을 통해 다른 사람에게 전달할 때 개인의 의사에 반해 그 내용과 통신을 이용한 사실이 공개되지 아니할 자유를 의미합니다. 국가가 국민의 통신 내용과 통신 이용에 관한 자료를 확보하려면 원칙적으로 법원의 허가가 있어야 해요. 이를 위해 통신비밀보호법이 제정되어 있어요.

재산권

헌법 제23조 제1항은 "모든 국민의 재산권은 보장된다"라고 규정하고 있어요. 재산권은 재산적 가치가 있는 여러 권리를 의미해요. 그 중에서도 소유권이 가장 기본이겠죠. 헌법은 개인의 재산권을 기본권으로 보장하면서 사유재산제도를 인정하고 있어요. 여러분의 물건은 여러분이 마음대로 사용하고, 처분할 수 있는 자유가 있는 것이죠. 그런데 헌법은 제23조 제2항에서 "재산권의 행사는 공공복리에 적합하도록 하여야 한다"라고 규정하고 있어요. 국민이 재산권을 행사할 수 있다고 해서 마음대로 행사할 수 있는 것은 아니고, 사회 구성원 전체에 이익이 되는 방향으로 행사해야 한다는 거예요. 이를 국민의 의무라고 볼 수 있어요. 민법은 개인들 간의 법률관계, 즉 권리·의무관계를 규율하는 사법의 일반법인데, 민법은 제2조 제2항에서 "권리는 남용하지 못한다"라고 규정하고 있어요. 민법에도 국민의 재산권 행사에 관한 헌법상의 의무가 들어가 있는 것이죠.

한편, 국가가 댐을 만들거나, 도로를 만드는 경우처럼 공공의 필요 때문에 국민이 소유한 땅을 사용해야 할 때가 있어요. 이때는 국가는 법률에 근거해서 그 법률이 정한 절차에 따라 국민 소유의 땅을 사용해야 하고, 사용하는 것에 대해서 정당한 보상을 해야만 해요. 이를 위해 공익사업을 위한 토지 등의 취득 및 보상에 관한 법률(줄여서 토지보상법이라고 해요)이 제정되어 있어요.

직업 선택의 자유

헌법 제15조는 "모든 국민은 직업 선택의 자유를 가진다"라고 규정하고 있어요. 국민은 자유롭게 자신의 직업을 선택하고, 그 직업을 수행하며 직업을 바꿀 수 있는 직업 선택의 자유가 있지요. 여러분은 "커서 뭐가 되고 싶어?"라는 질문을 종종 받지 않나요? 그럼 여러분은 여러 직업 중에서 자신이 선망하는 직업을 이야기할 거예요. 이를 꿈이라고도 하고, 장래 희망이라고 부르기도 하지요. 초등학교 다닐 때 학교에서 장래 희망을 조사한 적이 있는데, 저는 '변호사'라고 적었답니다. 짝꿍이 장래 희망을 '검사'라고 쓰는 것을 보고 변호사, 검사, 판사가 구체적으로 뭘 하는지도 잘 모르면서 그럼 나는 '변호사'라고 적은 것 같아요.

예전에는 변호사가 되려면 사법시험을 봐야 했는데, 그 시험이 폐지되었어요. 사법시험을 폐지한 것이 헌법에 위반되는지에 관해서 헌법재판소가 몇 차례 판단을 했습니다. 헌법재판소는 사법시험 폐지가 직업 선택의 자유를 침해하지 않는다고 결정했지요. 지금은 변호사가 되려면 법학전문대학원(로스쿨)을 졸업해서 변호사 시험에 합격해야 해요. 그런데 변호사 시험에 응시할 수 있는 회수에 제한이 있어요. 법학전문대학원을 졸업한 후 5년 동안 변호사 시험에 5번 응시할 수 있고, 그 기간이 지나면 변호사 시험을 볼 수 없어요. 5년이라는 기간에 병역의 의무를 이행하는 기간은 포함되지 않아요. 이렇게 변호사 시험에 응시하는 횟수를 제한하는 것에 대해서도 헌법재판소는 직업 선택의 자유를 침해하지 않는다고 판단했어요. 참고로, 검사나 판사가 되려면 변호사 자격이 있어야 해요.

앞에서 영화법을 설명했는데요, 이 영화법에는 국산영화의무상영제가 있었어요. 영화 상영관에서 1년에 일정 일수 동안은 국산 영화를 상영해야 한다는 것이죠. 영화 상영관 경영자로서는 국산 영화를 의무적으로 상영해야 하니까 수익이 더 좋은 블록버스터라고 부르는 해외 영화를 상영할 날이 줄어들 수 있잖아요. 헌법재판소는 이 국산영화의무상영제가 영화 상영관 경영자의 직업 수행의 자유를 침해하지 않는다고 판단했어요. 현재의 영화 및 비디오물 진흥에 관한 법률에도 국산영화의무상영제가 여전히 규정되어 있어요. 이 국산영화의무상영제를 스크린 쿼터제(screen quota)라고도 합니다.

거주·이전의 자유

헌법 제14조는 "모든 국민은 거주·이전의 자유를 가진다"라고 규정하고 있어요. 모든 국민은 자신이 원하는 장소에 주소를 정해 살 수 있고, 그 의사에 반해서 사는 곳을 이전당하지 않을 권리인 거주·이전의 자유가 있어요. 직업 선택의 자유가 국민의 기본권으로 인정되고 있잖아요. 취직을 하게 되면 사는 곳을 직장 가까운 곳으로 옮겨야 할 때도 있고요. 그래서 거주·이전의 자유는 직업 선택의 자유와 직접적인 관련이 있다고 할 수 있어요.

거주·이전의 자유에는 해외 여행을 자유롭게 할 수 있는 자유도 포함돼요. 해외 여행을 자유롭게 하려면 외국으로 나가는 출국과 다시 국내로 돌아오는 입국을 자유롭게 할 수 있어야 하겠지요. 하지만 북한으로 가는 거주·이전의 자유는 보장되지 않아요. 어떤 이유로든 북한에 가려면 통일부 장관의 승인을 받아야 한답니다.

참정권

우리나라의 주권자는 국민이에요. 국민이 주권자로서 국가기관의 형성에 참여하고, 국가의 정치적 의사를 형성하는 데 참여하는 권리를 참정권이라고 해요. 국민의 참정권을 실현하기 위해서 헌법은 여러 가지 장치를 두고 있는데, 그중 대표적인 것이 선거권과 공무담임권이에요.

선거권

헌법 제24조는 "모든 국민은 법률이 정하는 바에 의하여 선거권을 가진다"라고 규정하고 있어요. 우리나라는 국민주권의 원리를 실현하기 위한 대의제에 따라, 국회의원과 대통령을 선거를 통해 국민이 직접 선출하고 있어요. 이런 선거는 공정성이 중요하겠죠. 헌법은 선거의 공정성을 위해 보통 선거, 평등 선거, 직접 선거, 비밀 선거, 자유 선거를 선거의 원칙으로 정하고 있어요.

보통 선거

성별, 종교, 교육 정도, 사회적 지위 등에 관계없이 모든 국민에게 선거권과 피선거권을 인정하는 선거 원칙이에요. 피선거권은 선거에 후보자로 나가 당선인이 될 수 있는 권리를 뜻해요.

평등 선거

1인 1표의 원칙에 따라 모든 선거인이 평등하게 한 표를 행사하고, 1인이 행사한 1표의 가치가 평등한 선거의 원칙이에요. 나아가 선거 운동 과정에서 선거 운동의 기회가 균등하게 보장되어야 한다는 내용도 평등 선거의 원칙에 포함돼요.

직접 선거

선거를 하는 사람이 직접 대의기관을 선출한다는 원칙이에요. 우리나라에서 이루어지는 국회의원 선거, 대통령 선거, 지방자치단체장과 의원 선거에서 국민이 직접 투표해서 선출하고 있어요.

비밀 선거

선거를 하는 사람의 결정이 다른 사람에게 알려지지 않도록 하는 선거 원칙을 의미해요.

자유 선거

선거권을 가진 사람이 자유롭게 선거권을 행사할 수 있는 원칙을 의미하고, 투표할 수 있는 자유, 선거에 입후보할 수 있는 자유, 선거 운동의 자유를 그 내용으로 합니다. 대한민국 국민으로 만 18세 이상이면 선거를 할 수 있는 선거권자가 돼요. 선거권자의 연령이 만 20세에서 만 19세로 낮아졌는데, 2020년에는 만 18세로 낮아지게 되었어요. 참고로 민법은 만 19세가 되면 성년이 된다고 규정하고 있어요.

그럼 피선거권을 행사할 수 있는 나이는 몇 살일까요? 대통령 선거에 입후보하려면 만 40세 이상 대한민국 국민이어야 해요. 국회의원 선거와 지방자치단체의 장이나 의원 선거에 입후보할 수 있는 나이는 만 25세 이상인 대한민국 국민이어야 한답니다.

공무담임권

헌법 제25조는 "모든 국민은 법률이 정하는 바에 의하여 공무담임권을 가진다"라고 규정하고 있어요. 선거를 통해 선출되는 공무원을 포함해 국가기관의 공직에 취임할 수 있는 권리가 공무담임권이에요. 공무원과 국민과의 관계에 관해서 헌법은 공무원은 국민 전체에 대한 봉사자이며, 국민에 대해 책임을 지고 있다고 규정하고 있어요. 대통령, 국회의원도 국민 전체의 봉사자라고 할 수 있겠죠.

사회권

산업혁명 이후 자본주의의 폐해로 인해 인권침해 상황이 더욱 심각해졌어요. 그러면서 국가가 사회에 개입하고, 경제체제에 관여해서 비참한 상황을 바꿔야 한다는 생각이 나타났죠. 그래서 독일 바이마르 공화국 헌법에 국가가 사회의 불평등을 없애려고 개입하기 위한 사회적 기본권이 나타나게 되었답니다. 이 사회적 기본권을 사회권이라고도 해요. 우리나라 헌법도 이러한 사회권을 규정하고 있어요.

• 인간다운 생활을 할 권리

헌법 제34조 제1항은 "모든 국민은 인간다운 생활을 할 권리를 가진다"라고 규정하고 있어요. 국민이 국가에게 인간의 존엄성에 맞게 생활에 필요한 것들을 해달라고 요구할 수 있는 권리가 인간다운 생활을 할 권리예요. 이 기본권은 국회가 제정한 법에 의해서 구체화돼요.

교육받을 권리

헌법은 제31조 제1항에서 "모든 국민은 능력에 따라 균등하게 교육을 받을 권리를 가진다"라고 규정하고 있어요. 교육의 목적은 우리 친구들이 타고난 소질을 계발해서 인격을 완성하고, 부모님으로부터 자립할 수 있는 능력을 높여 인간다운 생활을 누릴 수 있게 하는 데 있어요. 문화국가를 이루기 위해서도 교육이 필요해요. 교육받을 권리는 배우거나 수업받을 수 있는 능력에 맞게 학교에 입학할 수 있는 기회가 균등하게 보장되어야 하는 것을 말해요. 배우거나 수업받을 때 필요한 정신적·육체적인 능력 외에 성별, 종교, 경제력 등으로 교육받을 기회를 차별하면 안 됩니다.

근로의 권리

헌법 제32조 제1항은 "모든 국민은 근로의 권리를 가진다"라고 규정하고 있어요. 근로의 권리란 국민이 자기 의사와 능력에 따라 직장을 선택해서 일할 수 있는 기회를 달라고 요구할 수 있는 권리를 의미해요. 그렇다고 국민이 국가에게 직접 일자리를 청구하거나 일자리를 대신해서 생계비를 지급해 달라고 청구할 수 있는 것은 아니에요. 고용을 높이기 위한 정책을 수립해 달라고 요구할 수 있을 뿐이에요.

한편, 헌법은 국가가 근로자들이 적정 임금을 받을 수 있도록 노력해야 한다고 규정하고, 법률로 최저임금제를 시행하도록 하고 있어요. 최저임금제란 근로자가 노동의 대가로 받는 임금을 최대한 낮게 줄 수 있는 한도를 국가가 결정하고, 근로자를 고용해서 일을 시키는 사용자가 그 한도 아래로는 줄 수 없게 국가가 강제하는 제도예요. 이렇게 하면 근로자는 적어도 최저임금은 받을 수 있게 되지요. 최저임금이 적정한 임금은 아니지만, 산업혁명 직후에 발생했던 부당한 노동력 착취를 조금이나마 제한할 수 있게 하는 거예요. 나아가 헌법은 근로조건의 기준이 인간의 존엄성을 보장할 수 있게 법률로 정하도록 규정하고 있어요. 이에 따라 제정된 법률이 근로기준법이랍니다.

근로 3권

헌법 제33조 제1항은 "근로자는 근로조건의 향상을 위하여 자주적인 단결권·단체교섭권 및 단체행동권을 가진다"라고 규정하고 있어요. 조금 어렵죠? 개인의 재산 소유를 인정하는 사유재산제도에 따라 돈을 많이 가지고 있고 공장 등의 일터를 소유한 힘이 있는 사용자(고용주)는 힘이 약한 근로자와 근로계약을 자유롭게 맺을 수 있어요. 근로자는 사용자가 제공하는 공간에서 일하고 사용자는 근로자에게 일의 대가인 임금을 지급하기로 서로 합의를 하죠. 이렇게 근로자와 사용자 간의 합의를 근로계약이라고 합니다.

힘이 강한 사용자가 힘이 약한 근로자와 근로계약을 체결할 때 사용자가 근로자에게 불리하게 계약을 체결할 수도 있어요. 근로자의 힘이 약하기 때문이겠지요. 하지만 이때 근로자 개인이 아니라 여럿이 모여 단체를 구성하면, 근로자 개개인의 힘이 뭉쳐지니까 사용자와 대등한 지위에 설 수 있게 돼요. 이렇게 근로자들이 뭉쳐서 단체를 만들 수 있는 권리를 단결권이라고 해요. 노동조합을 줄여서 노조라고 하는 것을 들어 봤을 거예요. 단결권 행사로 이루어진 단체를 뜻합니다.

이 노동조합이 사용자와 근로조건에 관해서 의논하고 협의하는 것을 단체교섭권이라고 해요. 노동조합이 사용자와 단체교섭을 통해 임금, 근로시간, 복지 등 근로조건에 관한 의논을 했지만, 노동조합과 사용자의 주장이 서로 다르고, 의논을 더 하더라도 의견이 일치하는 합의에 이르지 못하게 될 수도 있어요. 이러한 경우에 노동조합은 파업, 태업 등의 단체행동권을 행사할 수 있어요. 파업은 하던 일을 완전히 중지하는 것을 말하고, 태업은 일을 게을리하는 것을 말해요. 그리고 이러한 파업, 태업 등을 쟁의행위라고 합니다.

환경권

헌법 제35조 제1항은 "모든 국민은 건강하고 쾌적한 환경에서 생활할 권리를 가지며, 국가와 국민은 환경보전을 위하여 노력하여야 한다"라고 규정하고 있어요. 즉, 이 말은 국가와 국민은 환경보전을 위해 노력해야 할 의무가 있고, 국민은 환경권을 기본권으로 가지고 있지만, 더불어 환경을 보전해야 할 의무도 지고 있다는 뜻이기도 해요.

헌법에서 말하는 환경은 자연환경뿐만 아니라 사람의 일상생활과 관계되는 환경도 포함해요. 국민은 국가에 대해 환경권을 근거로 건강하고 쾌적한 환경에서 생활할 수 있도록 요구할 권리가 있어요. 선거 운동을 할 때 대부분 확성기를 많이 이용하는데, 확성기를 통해 소음이 발생합니다. 선거에 관해서 규정하는 공직선거법에는 선거 운동을 할 때 확성기를 사용할 수 있다고 하면서도 확성기를 통해 발생하는 소음을 규제하는 규정은 없었어요. 헌법재판소는 선거 운동을 할 때 확성기를 허용할 공익적 필요성이 있는 것은 인정되지만, 확성기를 통해서 발생하는 소음의 크기를 제한하는 규정을 두지 않은 것은 국민이 건강하고 쾌적한 환경에서 생활할 권리를 침해해서 헌법에 위반된다고 판단했어요. 이후, 공직선거법은 소음의 크기를 제한하는 내용으로 개정되었어요.

혼인과 가족에 관한 권리

헌법 제36조 제1항은 "혼인과 가족 생활은 개인의 존엄과 양성의 평등을 기초로 성립되고, 유지되어야 하며, 국가는 이를 보장한다"라고 규정하고 있어요. 여기에 권리라는 표현이 없으니까 기본권이라고 봐야 하는지 의문이 들 수 있을 거예요. 하지만 헌법재판소는 헌법에 있는 혼인과 가족 생활에 관한 규정은 국민이 혼인과 가족 생활을 스스로 결정하고 형성할 수 있는 자유를 기본권으로 보장하고, 혼인과 가족에 대한 제도를 보장한다고 판단했어요.

우리나라 성(姓)은 김해 김 씨, 밀양 박 씨처럼 성과 본이 있어요. 예전에는 이름의 성(姓)과 본(本)이 같은 동성동본인 남녀는 결혼할 수 없다는 규정이 민법에 있었어요. 즉, 밀양 박 씨인 여자와 밀양 박 씨인 남자는 결혼할 수가 없었던 거죠. 헌법재판소는 이러한 규정이 개인의 존엄과 양성의 평등을 기초로 한 혼인과 가족 생활이 이루어져야 한다는 헌법 규정에 위반된다고 하면서 위헌으로 판단했어요.

보건에 관한 권리

헌법 제36조 제3항은 "모든 국민은 보건에 관하여 국가의 보호를 받는다"라고 규정하고 있어요. 국민은 자신의 건강을 유지하는 데 필요한 국가의 배려를 요구할 수 있는 보건에 관한 권리가 있다는 뜻이에요. 나아가 국가는 적극적으로 국민의 보건을 위한 정책을 수립하고 이행해야 할 의무가 있지요. 우리나라를 비롯한 전 세계가 코로나바이러스 감염증-19로 인해 많이 힘들었습니다. 코로나바이러스 감염증-19가 활개를 치는 상황에서 우리나라는 국가가 나서서 여러 조치를 했고 국민에게 예방 접종도 했어요. 이때 작동한 법이 감염병의 예방 및 관리에 관한 법률이랍니다.

청구권

청구권은 국민의 권리구제에 목적이 있는 기본권이에요. 국민이 국가에 적극적으로 특정한 행위를 해달라고 요구하거나 국가의 보호를 요청하는 기본권이라고 할 수 있어요.

청원권

헌법 제26조 제1항은 "모든 국민은 법률이 정하는 바에 의하여 국가기관에 문서로 청원할 권리를 가진다"라고 규정하고 있어요. 이 청원권은 국민이 국가기관에 자신의 의견이나 희망을 진술할 수 있는 권리예요. 이 청원권에는 국민이 한 청원에 대해서 심사해서 그 처리결과를 통지해 달라고 요구할 수 있는 권리도 포함돼 있어요. 하지만 국민이 청원한 대로 결정해야 할 의무를 국가가 지는 것은 아니에요. 재판제도나 대의제가 미비되었던 시대에는 개인의 권리구제 수단과 국민의 정치적 의사를 왕에게 전달하는 수단이었어요. 재판제도와 대의제가 정착된 지금에는 국민의 뜻을 국가에 전달하는 수단으로의 역할을 하고 있어요.

재판청구권

헌법 제27조 제1항은 "모든 국민은 헌법과 법률이 정한 법관에 의하여 법률에 의한 재판을 받을 권리를 가진다"라고 규정하고 있어요. 재판은 어떤 문제에 대해 다툼이 있을 때 소송을 통해 법원으로부터 판단 받는 것을 뜻해요. 법원의 판단 중에 대표적인 것이 판결이에요.

뉴스를 보면 '소송'이라는 말이 참 많이 나와요. 소송은 재판을 받기 위해 법원에 소를 제기해서 일정한 절차를 거쳐 법원의 판결을 받기까지의 과정을 말합니다. 이 법원은 헌법과 법률이 정한 자격과 절차에 의해 임명된 법관으로 구성돼요. 법원에 소를 제기하면 이 법관으로부터 재판을 받는 것이지요. 대법원장과 대법관이 아닌 법관은 판사라고 합니다.

우리나라에서 헌법재판은 헌법재판소에서 하고, 개인 간의 분쟁 해결을 위한 민사재판, 형사사건에 관한 형사재판, 행정소송에 관한 행정재판 등은 법원에서 해요. 국민은 헌법재판소에서 헌법재판을, 법원에서 민사재판, 형사재판, 행정재판 등을 받을 권리가 있어요.

국가배상청구권

헌법 제29조 제1항은 "공무원의 직무상 불법행위로 손해를 받은 국민은 법률이 정하는 바에 의하여 국가 또는 공공단체에 정당한 배상을 청구할 수 있다"라고 규정하고 있어요. 국민 전체의 봉사자인 공무원이 자기가 맡은 사무를 처리하면서 일부러 또는 부주의해서 국민에게 손해를 끼치면 국가 또는 지방자치단체가 나서서 공무원이 국민에게 끼친 손해를 물어 주는 거예요. 이렇게 국민이 국가 또는 지방자치단체에 손해배상을 청구할 수 있는 권리를 국가배상청구권이라고 합니다.

형사보상청구권

헌법 제28조는 "형사피의자 또는 형사 피고인으로서 구금되었던 자가 법률이 정하는 불기소처분을 받거나 무죄판결을 받은 때에는 법률이 정하는 바에 의하여 국가에 정당한 보상을 청구할 수 있다"라고 규정하고 있어요. "억울한 옥살이를 했다"라는 이야기를 들어 본 적이 있나요? 형사보상청구권은 한마디로 억울한 옥살이를 한 국민이 국가에게 그에 대해 보상해 달라고 청구할 수 있는 권리예요.

살인죄를 범하지 않았는데, 수사받는 과정에서 고문을 받아 자신이 죄를 범한 것이 맞다고 거짓 자백을 한 피의자가 있었어요. 경찰은 그 피의자에 대해서 범죄 사실에 혐의가 인정된다고(기소 의견) 검사에게 송치했어요. 검사도 살인죄로 처벌해 달라고 법원에 형사사건의 재판을 청구해 소송을 일으키는 공소제기를 했지요. 법원도 공소 제기된 피고인에 대해 유죄 판결을 하면서 10년의 징역형을 선고했습니다. 그 피고인은 10년의 징역형을 살고 출소한 후, 다시 재판을 해 달라며 재심을 청구했어요. 법원은 뒤늦게 그 피고인이 고문당했던 사실을 알고 무죄판결을 선고했어요. 10년 동안 억울한 옥살이 끝에 무죄판결을 받은 피고인의 심정은 어떨까요? 그 피고인이 흘린 눈물과 억울함은 말로 다 표현할 수 없을 거예요. 이렇게 억울한 옥살이를 한 국민은 국가에 대해 형사보상청구권을 행사할 수 있어요. 이 형사보상청구권으로 모든 억울함과 눈물을 다 씻어낼 수는 없을 거예요. 한편, 국민이 억울한 옥살이를 한 것이 공무원의 불법행위로 인한 것이기 때문에 앞에서 이야기한 국가배상청구권을 행사할 수 있습니다.

범죄피해자구조청구권

헌법 제30조는 "타인의 범죄행위로 인하여 생명·신체에 대한 피해를 받은 국민은 법률이 정하는 바에 의하여 국가로부터 구조를 받을 수 있다"라고 규정하고 있어요. 범죄행위로 인해 피해를 받아 장해나 중상해가 생긴 피해자나 범죄행위로 사망한 피해자의 유가족이 범죄자로부터 충분한 손해배상을 받지 못한 경우 국가에 대해서 도움을 달라고 요구할 수 있는 권리예요. 이건 생명과 신체에 피해를 본 국민에게 한정되는 것이라서, 재산상의 피해를 받게 되면 범죄피해자구조청구권을 행사할 수 없습니다.

기본권의 제한

지금까지 헌법에 규정된 국민의 기본권을 알아봤어요. 정말 많지요? 그런데 국민의 기본권은 무한정 인정되는 것일까요? 그건 아니에요. 헌법 제37조 제2항은 "국민의 모든 자유와 권리는 국가안전보장·질서유지 또는 공공복리를 위하여 필요한 경우에 한하여 법률로써 제한할 수 있으며, 제한하는 경우에도 자유와 권리의 본질적인 내용을 침해할 수 없다"라고 규정하고 있어요. 그러니까 국가안전보장, 질서유지, 공공복리라는 정당한 목적이 있으면 국민의 기본권을 제한할 수 있어요.

비례의 원칙

정당한 목적이 있더라도 필요한 경우에만 국민의 기본권을 제한할 수 있는데요, 이것을 비례의 원칙이라고 해요. 국민의 기본권을 제한하는 법률은 이 비례의 원칙을 준수해야 해요. 비례의 원칙을 위반하면 헌법에 위반되는 것이죠.

비례의 원칙은 4단계로 나뉘어 있어요. 기본권을 제한하는 법률은 첫 번째, 목적이 정당해야 해요. 두 번째, 기본권을 제한하는 방법이 적정해야 해요. 세 번째, 목적을 달성하는 방법 중에서 기본권을 적게 제한하는 방법을 사용해야 해요. 네 번째, 기본권을 제한하는 법률을 통해 이루려는 공공의 이익과 그 법률로 제한되는 국민의 사익을 비교했을 때 공익이 더 커야 해요.

기본권의 본질적 내용 침해금지

정당한 목적을 가진 법률로 비례의 원칙을 지켜서 국민의 기본권을 제한할 때도 기본권의 본질적인 내용을 침해할 수는 없어요. 기본권의 본질적인 내용이 무엇인지는 기본권마다 달라요. 종교의 자유 또는 양심의 자유를 예로 들어 볼게요. 종교 또는 양심이 사람의 마음속에 머물러 있는 상태인데 그렇게 마음속에 품지도 못하게 만들거나 생각하지도 못하게 만드는 법률을 만드는 것은 종교의 자유 또는 양심의 자유의 본질적인 내용을 침해하는 것이 돼요. 또 다른 예로 사유재산제도를 없애는 법률은 국민의 재산권의 본질적인 내용을 침해하는 것이 됩니다.

재미있는 법 이야기

국민의 기본 의무

　헌법은 국민이 누릴 수 있는 기본권에 관해서만 규정하고 있지는 않아요. 대한민국 국민으로서 져야 할 기본적인 의무에 관해서도 규정하고 있어요. 헌법은 국민의 기본적 의무로 납세의 의무, 국방의 의무, 교육을 받게 할 의무, 근로의 의무, 재산권 행사를 공공복리에 맞게 해야 할 의무, 환경보전의 의무를 규정하고 있어요. 헌법과 법률을 준수할 의무는 헌법에 규정되어 있지 않지만, 국민이라면 지켜야 할 당연한 기본 의무라고 할 수 있어요. 헌법에 규정된 국민의 기본적 의무 중 납세, 국방, 교육, 근로의 의무에 관해서 설명할게요.

납세의 의무

　헌법 제38조는 "모든 국민은 법률이 정하는 바에 의하여 납세의 의무를 진다"라고 규정하고 있어요. 국가가 운영되려면 많은 돈이 필요해요. 국가는 국민을 위해서 존재하니까 국가가 운영되는 돈을 국민이 세금으로 부담하지요. 이렇게 국민은 세금을 내야 할 의무를 지고 있어요. 그런데 중세 시대처럼 국가가 아무렇게나 세금을 걷을 수는 없어요. 국민에게 세금을 거두기 위해서는 국회에서 제정한 법률이 있어야 해요. 이것을 조세법률주의라고 합니다. 나아가 누구는 세금을 내고 누구는 세금을 안 내는 것이 아니라 합리적 기준에 의해서 국민이 평등하게 세금을 내도록 해야 하는데, 이것을 조세평등주의라고 하지요.

국방의 의무

헌법 제39조 제1항은 "모든 국민은 법률이 정하는 바에 의하여 국방의 의무를 진다"라고 규정하고 있어요. 국방의 의무는 외국 또는 대한민국에 적의를 가지고 있는 세력으로부터 국가의 독립을 지키고 영토를 보전하기 위해 국민이 지는 국가 방위의 의무예요. 병역의 의무는 대한민국 남성에 국한되지만, 국방의 의무를 지는 주체는 대한민국 국민 모두예요.

교육을 받게 할 의무

헌법 제31조 제2항은 "모든 국민은 그 보호하는 자녀에게 적어도 초등교육과 법률이 정하는 교육을 받게 할 의무를 진다"라고 규정하고 있어요. 교육기본법은 초등교육 6년과 중등교육 3년을 의무교육으로 규정하고 있어요. 즉, 초등학교와 중학교 교육은 부득이한 사유 없이 안 가도 되는 것이 아니라 의무적으로 다녀야 하는 것이라는 뜻이에요. 의무교육은 무상으로 실시되죠. 고등학교에 다니는 것은 의무교육이 아니지만, 현재 우리나라에서는 고등학교 무상교육이 시행되고 있어요.

근로의 의무

헌법 제32조 제2항은 "모든 국민은 근로의 의무를 진다"라고 규정하고 있어요. 모든 국민은 자기 능력에 따라 일을 해야 할 의무를 지고 있어요. 그런데 일할 능력이 있는데도, 일하기 싫어서 혹은 여러 가지 이유로 일하지 않는 사람들도 있어요. 그렇지만 이 사람들을 근로의 의무를 다하지 않는다고 처벌할 수는 없답니다. 앞의 3가지 의무는 국민이 다하지 않을 경우 처벌을 받을 수 있지만, 이 근로의 의무는 처벌받지 않습니다.

7장

법령은 아무나 만들고 바꿀 수 없어요

국회만이 만들고 바꿀 수 있는 법률

　사람들은 이러이러한 법(법률)이 있으면 좋겠다고 말합니다. 그럼 그렇게 원하는 대로 법을 만들 수 있을까요? 아니에요. 법률을 만들고 바꿀 수 있는(개정) 권한은 국회에 있어요. 앞에서 기본권에 관해 설명했는데요, 기본권의 구체적인 내용은 법률로 정해지기도 하고, 기본권을 제한하려면 역시 법률로 해야 해요. 이처럼 법률은 헌법 다음으로 중요한 법이랍니다. 이런 법률이 국회에서 어떻게 만들어지고 개정되는지 살펴볼까요?

　정부나 국회의원은 법률안을 국회에 제출할 수 있어요. 법률안은 이러이러한 법률을 만들자고(제정하자고) 하는 안과 법률을 개정하려고 하는 안을 동시에 뜻해요. 국회의원이 이런 법률안을 국회에 제출하려면 10인 이상의 찬성이 필요해요. 정부가 법률안을 국회에 제출하려면 국무회의의 심의를 거쳐야 한답니다.

　이렇게 국회에 제출된 법률안은 국회의장이 국회의 상임위원회에 보내요. 여기는 법률안과 관련된 일을 심사하는 곳이에요. 법률안을 받은 상임위원회에서 그 법률안을 심사하고 나서, 상임위원회 중 법제사법위원회라는 곳에서 다시 심사해요. 여러 번 검토해서 정말 필요한 법안인지, 정말로 개정해야 하는 것인지 확인하는 거죠. 법제사법위원회의 심사가 끝나면 국회의원이 모이는 본회의에 상정(토의상안건을 회의 석상에 내어놓음)이 되고, 본회의에서 질문하고 토론하는 절차를 거쳐 법률안에 대한 찬성, 반대투표를 합니다. 국회 본회의에서 법률안이 통과되려면 국회 재적의원 과반수가 본회의에 출석해야 하고, 출석한 국회의원 과반수가 찬성해야 해요. 이렇게 해서 법률안이 국회 본회의를 통과하면 정부(대통령)에게 보냅니다.

법률안이 정부로 이송되면 대통령은 15일 이내에 국민에게 널리 알리는 공포를 해야 해요. 15일 이내에 대통령이 공포하지 않으면 그 법률안은 자동으로 법률로 확정됩니다. 하지만 대통령이 봤는데 그 법률안에 이의가 있을 수 있잖아요. 그럼 15일 기간 내에 대통령은 법률안에 이의를 제기하는 까닭이 무엇인지를 쓴 문서를 덧붙여 국회로 돌려보내고 재의결해 달라고 요구할 수 있어요. 이를 법률안 거부권이라고 합니다. 대통령이 다시 의결해 달라고 요구하면 국회는 본회의에서 재의결하는데, 이때에는 국회 재적의원 과반수가 본회의에 출석해야 하고, 출석한 국회의원 중 3분의 2가 법률안에 찬성하면 그 법률안은 법률로 확정돼요.

대통령과 행정부가 만드는 명령

● 대통령령

대통령은 법률에서 구체적으로 위임받은 사항과 법률을 집행하는 데 필요한 사항을 대통령령으로 제정하고 개정할 수 있어요. 대통령령은 법률을 시행하는 데 필요한 규정을 주요 내용으로 하므로 시행령이라고도 불러요. 그렇지만 대통령이 아무리 국가원수이고 최고 통수권자라고 해도 마음대로 대통령령을 만들 수는 없어요. 대통령이 대통령령을 제정하거나 내용을 개정하려면 규제개혁위원회, 법제처 등의 심사를 받은 후, 국무회의의 심의를 거쳐야 해요.

● 총리령 및 부령

국무총리는 법률이나 대통령령의 위임을 받아 총리령을 제정하고 개정할 수 있어요. 또 교육부, 기획재정부 같은 행정 각 부의 장관도 법률이나 대통령령의 위임을 받아 부령을 제정하고 개정할 수 있답니다. 총리령과 부령은 법률과 대통령령의 시행을 위한 세부적인 규정을 주요 내용으로 삼고 있어서 시행규칙이라고 불러요. 총리령 또는 부령 역시 규제개혁위원회, 법제처 등의 심사를 거쳐 제정되거나 개정돼요.

지방자치단체에서 만드는 조례와 규칙

　지방자치단체는 법령(법률과 명령)의 범위 안에서 자치 사무에 관한 조례를 제정할 수 있어요. 조례는 지방의회의 의결을 통해 만들어지고, 지방자치단체의 장이 공포를 하면 조례로 확정돼요. 또 지방자치단체의 장은 법률과 명령, 조례가 위임한 범위 내에서 지방자치단체의 권한에 속한 사무에 관해서 규칙을 제정할 수 있습니다.

재미있는 법 이야기

형벌의 종류

우리나라 형법에는 범죄가 되는 행위가 무엇인지, 형벌의 종류는 어떻게 되는지, 범죄에 따라 부과되는 형벌은 어떻게 되는지 등에 관해서 규정하고 있어요. 형법에서 규정하는 형벌의 종류로 무거운 것부터 약한 것의 순서로 나열하면 사형, 징역, 금고, 자격상실, 자격정지, 벌금, 구류, 과료, 몰수 9가지가 있습니다. 여기서 징역, 금고, 구류를 자유형이라고 하고요, 자격상실, 자격정지를 명예형이라고 해요. 벌금, 과료, 몰수는 재산형이라고 합니다.

<u>사형</u> 범죄자의 생명을 빼앗는 형벌이에요. 사형은 함무라비 법전에도 규정되어 있던 형벌이랍니다. 전 세계 198개 국가 중 140개국 정도가 법률로 사형제를 폐지하거나 사형을 집행하지 않고 있어요. 우리나라는 1997년 이후 사형 집행을 하지 않아서 사실상 사형제 폐지 국가로 분류되고 있습니다.

<u>징역</u> 범죄자를 교도소에 가두고 일정한 작업을 하게 하는 형벌이에요. 징역에는 무기징역과 유기징역이 있는데, 무기징역은 기한을 두지 않고 교도소 안에 가둬 두는 것을 말하고, 유기징역은 일정한 기한을 정해 교도소 안에 가둬 두는 것을 말합니다.

<u>금고</u> 범죄자를 교도소 안에 가두는 형벌인데, 징역과 차이점이 있어요. 징

역은 수감자에게 일정한 작업을 하게 하지만, 금고는 일정한 작업을 시키지 않아요. 금고에도 무기금고와 유기금고가 있어요.

자격상실 범죄자에 대해서 사형, 무기징역, 무기금고가 선고되면 공무원이 되는 자격, 선거권과 피선거권, 공법상의 업무에 대한 자격, 주식회사와 같은 법인의 이사 등이 되는 자격이 상실되는 것을 내용으로 하는 형벌이에요.

자격정지 앞의 자격상실에서 이야기한 자격을 일정 기간 내 전부 또는 일부를 정지하는 것을 내용으로 하는 형벌이에요.

벌금 일정 금액을 국가에 내는 것을 내용으로 하는 형벌이에요. 벌금은 5만 원 이상으로 정해져요.

구류 범죄자를 1일 이상 30일 미만 동안 교도소에 가둬 두는 형벌이에요.

과료 2천 원 이상 5만 원 미만의 금액을 국가에 내는 것을 내용으로 하는 형벌이에요.

몰수 범죄자가 범죄와 관련해 얻은 물건을 빼앗는 형벌이에요. 물건을 몰수할 수 없을 때는 물건의 가치에 해당하는 돈을 징수해요.

재미있는 법 이야기

"유전무죄 무전유죄(?)"

여러분은 혹시 "유전무죄, 무전유죄"라는 말을 들어 보셨나요? "돈이 있으면 무죄, 돈이 없으면 유죄"라는 뜻이에요. 이 말이 어디에서 비롯되었을까요? 우리 친구들이 태어나기도 훨씬 전인 1988년 10월에 세상을 떠들썩하게 했던 인질 사건이 있었어요. 1988년 10월 8일, 영등포 교도소에 있던 재소자들을 다른 교도소로 옮기는 호송버스에서 재소자 25명 중 12명이 탈주했어요. 그 탈주범 중에는 지강헌이 있었고요. 지강헌은 1988년 9월경 일곱 차례에 걸쳐 자동차, 현금 등 약 556만 원을 갈취한 것으로 징역 7년, 보호감호 10년을 선고받았어요. 보호감호는 형벌은 아니에요. 1980년에 제정된 사회보호법에는 동일하거나 비슷한 죄를 3번 이상 범한 범죄자에 대해 10년 동안 보호감호소에 가둘 수 있는 보호감호제도가 있었어요. 이 사회보호법은 2005년에 폐지되었죠. 지강헌은 징역 7년은 교도소에서, 보호감호 10년은 보호감호소에서 보내야 했으니까 사실상 17년 간 사회와 격리된 생활을 해야 했던 거예요. 그런데 같은 시기에 전두환 전 대통령의 동생 전경환이 76억 원을 횡령한 것에 대해서는 징역 7년이 선고되었지요.

지강헌은 탈주를 계속하다가 1988년 10월 16일에 탈주범 3명과 함께 어느 가정집에서 인질극을 벌이게 되었어요. 이 인질극은 당시 TV를 통해 생중계되었습니다. 이 인질극을 벌이는 과정에서 지강헌은 대한민국은 돈 없으면 살 수 없고, 자기보다 더 많은 돈을 횡령한 전경환의 형량이 자신보다 적은 것은 말이 안 된다면서 "유전무죄, 무전유죄"라는 말을 했다고 해요. 이때부터 시작된 "유전무죄, 무전유죄"는 아직도 사회 유력 인사에 대한 형사재판과 관련해서 이야기되곤 합니다.

    2007년에 대법원에 양형위원회가 설치되었어요. 양형은 형사소송에서 판사가 재판을 통해 유죄가 인정된 피고인에게 내릴 형벌의 종류를 선택해서, 선택한 형벌의 정도를 어떻게 할지 정하는 과정을 뜻합니다. 양형위원회는 국민이 신뢰할 수 있는 공정하고 객관적인 양형 기준을 마련하기 위해 설치되었어요. 판사는 양형위원회에서 만든 양형 기준을 존중해야 하는데, 양형 기준을 꼭 따라야만 하는 법적 의무가 있는 건 아니에요. 다만, 판사가 양형 기준을 벗어난 판결을 할 때는 판결문에 그렇게 형을 정하게 된 이유를 적어야 한답니다.

8장

우리 주변에서도 여러 법이 작동하고 있어요

사회 구성원 사이에 작동하는 법

헌법에는 기본원리와 기본권이 규정돼 있어요. 이렇게 헌법에 규정돼 있는 것 자체로 중요한 의미가 있지만, 헌법의 내용이 실제로 우리 생활에서 어떻게 구체화되고 있는지도 살펴봐야 해요. 이런 기본원리와 기본권은 국회에서 만든 법률을 통해 구체화돼요. 이번에는 이러한 법률 가운데서 사회 구성원 사이에 작동하는 법을 알아보려고 해요. 사회 구성원 사이에 작동하는 법은 참 많은데, 그중에서 대표적인 것만 살펴볼게요. 이를 통해서 헌법을 포함한 법이 우리 주변의 사회 구성원들 사이에 어떻게 작동하는지 알 수 있을 거예요.

민법

법률관계 = 권리·의무관계
우리 인간은 사회 구성원으로서 일상생활에서 다른 사람과 여러

관계를 맺고 있어요. 우리 친구들, 편의점에 자주 가죠? 여러분이 편의점에 가서 아이스크림을 사는 과정을 되짚어 봐요. 편의점에 들어가서 아이스크림을 냉장고에서 꺼내 들고 점원에게 내밀면 점원은 바코드 스캐너로 아이스크림의 바코드를 스캔하면서 얼마라고 이야기합니다. 그럼 여러분은 점원에게 돈을 주거나 부모님께 받은 신용카드로 결제하고, 점원은 여러분에게 아이스크림을 건네줍니다. 여기서 여러분이 아이스크림을 점원에게 내미는 것은 아이스크림을 사겠다는 의사표시를 한 거예요. 점원이 아이스크림을 바코드 스캐너로 스캔하고 얼마라고 이야기하는 것은 아이스크림을 팔겠다고 의사표시를 한 거고요. 아이스크림을 사겠다는 여러분의 의사표시와 아이스크림을 팔겠다는 점원의 의사표시가 서로 일치한 것이죠. 서로의 의사표시가 일치해서 아이스크림을 사고파는 계약, 즉 매매계약이 체결된 거예요. 아이스크림에 대한 매매계약이 체결되었기 때문에 여러분은 아이스크림에 대한 대가로 점원에게 돈을 주거나 신용카드를 건넵니다. 이에 점원은 여러분에게 아이스크림을 건네주죠. 매매계약에 따른 이행이 완료되었어요. 여러분은 하루에도 몇 번씩 이와 같은 관계를 맺고 있는 거랍니다.

아이스크림에 대한 매매계약이 성립하면, 점원은 여러분에게 아이스크림의 대가를 달라고 요청할 수 있는 권리가 있고, 여러분은 아이스크림의 대가를 지급해야 할 의무가 있어요. 아이스크림에 대한 매매계약이 성립하면 다른 측면에서 여러분은 점원에게 아이스크림을 달라고 할 수 있는 권리가 생기고, 점원은 여러분에게 아이스크림을 줘야 할 의무가 생겨요. 매매계약에 따라 권리·의무 관계가 형성된 것이죠.

민법은 이렇게 사람이 사회 생활을 하는 데 일반적으로 적용되는 법을 통칭해요. 민법이 적용되는 생활관계를 법률관계라고 하는데, 법률관계는 앞에서 본 것처럼 권리·의무관계인 거예요. 여러분이 매매계약을 통해 산 아이스크림은 이제 여러분 것이에요. 여러분은 아이스크림에 대한 소유권이 있어요. 따라서 여러분은 그 아이스크림을 먹어도 되고, 집에 있는 냉장고에 넣어 놓아도 돼요. 아니면 동생에게 먹으라고 줄 수도 있어요. 여러분 소유인 아이스크림을 여러분이 원하는 대로 처분할 수 있는 자유가 있는 것이죠.

민법에는 이렇게 일상생활을 하면서 맺게 되는 여러 가지 계약에 관한 내용, 소유권처럼 취득하게 되는 권리들에 관한 내용이 규정되어 있어요. 앞에서 헌법의 기본권을 설명할 때 행복추구권을 설명했는데, 행복추구권에는 계약을 자유롭게 체결할 자유가 포함되어 있어요. 그리고 재산권에는 개인의 소유권이 인정되고 소유권의 대상이 되는 물건을 자유롭게 처분할 수 있는 자유도 있어요. 즉, 민법에 헌법의 이념이 스며들어 있는 거예요.

편의점에서 아이스크림을 사는 과정을 통해 법률관계를 형성하는 것을 살펴봤어요. 이뿐만 아니라 음식점에서 음식을 사 먹는 행위, 백화점에서 상품을 사는 행위, 시장에서 물건을 사는 행위 등도 똑같이 법률관계를 형성해요. 부모님이 여러분과 함께 살 집을 사거나(매매), 일정 기간 빌리는 것(임대차), 살 집을 지으려고 건설회사에 공사를 맡기는 것(도급) 또한 법률관계를 맺는 거예요. 직업을 선택해서 그 직업과 관련된 회사에 취직하는 것(고용)도 법률관계를 형성하는 것이죠. 이때는 보통 계약서라는 문서를 통해 계약당사자의 의사가 무엇인지 명확히 해서 적어 놓죠. 민법은 19세가 되면 성년이 된다고 규정하면서 미성년자가 법률관계를 맺기 위해 하는 행위, 즉 미성년자의 법률행위를 보호하는 규정도 있어요.

손해배상청구의 근거 규정

민법에는 누군가가 여러분에게 불법행위를 하면 그에 대해서 손해배상을 청구할 수 있는 근거 규정도 있어요. 불법행위란 사람이 일부러 또는 부주의해서 다른 사람에게 손해를 끼치는 행위를 뜻해요. 다른 사람을 때려서 다치게 하는 행위, 다른 사람의 물건을 훔치는 행위, 중고 매매 사이트에서 다른 사람에게 물건을 팔 것처럼 속여 돈을 받아 내는 행위 등은 모두 불법행위예요. 이때 피해를 본 사람은 가해자에게 손해배상을 청구할 수 있어요.

가족관계·상속에 관한 규정

민법에는 가족관계에 관한 규정도 있어요. 여러분은 만 18세가 되면 혼인을 할 수 있어요. 하지만 만 18세가 되기 전에 혼인을 하려면 부모님의 동의를 받아야 해요. 여러분이 성년이 되어 누군가를 사랑해서 서로 간에 혼인하려는 의사가 일치하면 부부가 돼요. 부부가 오래오래 행복하게 살면 좋겠지만, 살다 보면 여러 가지 이유로 헤어지기도 해요. 혼인은 물건을 사는 것과는 전혀 다른 것이어서 싫어졌다고 바로 이혼할 수 있는 건 아니에요. 민법은 이렇게 혼인한 부부가 이혼하는 경우에 관해서도 규정하고 있어요.

나아가, 민법은 어떤 사람이 사망하면 그 사망한 사람이 가지고 있던 재산이 가족관계에 있는 자녀나 배우자 등에게 이전하는 상속에 관해서도 규정하고 있어요. 이렇게 민법은 사람이 태어나서 사망할 때까지 일상생활 속에서 다른 사람과 맺게 되는 여러 법률관계에 관해서 규정하고 있어요. 민법이 사법이고, 일반법이라고 하는 이유가 여기에 있는 거예요.

상법

우리 사회를 이루는 사회 구성원에는 돈을 벌기 위해 만들어진 기업도 포함돼요. 기업이 사회 구성원으로서 다른 사회 구성원과 맺는 생활관계에 적용되는 법이 상법이에요. 기업도 민법의 적용을 받지만, 상법에 특별한 규정이 있는 경우에는 상법이 먼저 적용돼요.

기업 사이의 거래 또는 기업과 개인의 거래 등과 같은 상거래는 미리 준비된 계약서를 통해 이루어지기도 하고, 말로만 이루어지기도 (구두 계약) 해요. 상거래는 일정한 형태를 통해 빠르게 이루어지는 게 특징인데, 이러한 특징에 맞는 특별한 규정들이 있어요.

우리나라 유명한 기업 하면 떠오르는 곳이 있을 거예요. 삼성전자, 현대자동차 등 말이에요. 이들 회사의 형태는 주식회사예요. 주식회사는 주식을 발행해 주식시장 등에서 주식을 팔아요. 주식을 산 사람을 주주라고 하는데, 주주는 주식회사에 대해 일정한 권리를 갖고, 주식회사는 주식을 판 돈을 자본으로 삼아 회사를 운영해요. 상법은 이런 주식회사를 비롯한 기업의 형태에 관한 내용을 규정하고 있어요.

주택임대차보호법, 상가건물 임대차보호법

사람들이 살 집을 빌리거나 장사를 하기 위해 상가 건물을 빌리고 그에 대한 대가를 주는 것을 임대차라고 합니다. 민법은 임대차에 관해서 규정하고 있어요. 집이나 건물을 빌리는 사람(임차인)은 이를 빌려주는 사람(임대인)에 비해 힘이 약할 수 있고, 힘이 약해서 불평등하게 임대차계약을 체결할 수도 있어요. 이를 방지하기 위해 민법에 임대차계약에 대한 특별법인 주택임대차보호법, 상가건물 임대차보호법이 제정되어 있답니다. 그래서 집이나 건물을 빌리는 임차인의 권리를 강하게 보호하고 있어요.

근로기준법, 산업안전보건법

민법은 일을 하기로 하고 그것에 대한 대가를 받는 계약관계인 고용에 관해서도 규정하고 있어요. 회사에 취직하면 고용관계가 성립해요. 우리 헌법은 국가가 근로자의 적정 임금을 보장하고, 근로조건은 인간의 존엄성을 보장하는 내용을 법률로 정하게 해요. 이러한 헌법 이념에 맞게 민법에 있는 고용에 관한 특별법으로 근로기준법이 제정되었어요.

근로기준법은 근로시간과 휴식, 휴일, 임금 등 근로조건에 관해 규정하는데, 근로기준법을 위반하면 일정한 경우 근로자를 고용한 사용자(사업주 등)가 형사처벌을 받을 수도 있어요. 또 일을 잘하고 있는 근로자를 아무 이유 없이 회사를 그만두게 하는 행위, 즉 해고를 할 수 없어요. 근로자를 해고하려면 적정한 절차를 거쳐야 하고, 정당한 사유가 있어야 해요.

건물을 지을 때 공사 현장에서 일하는 근로자들은 많은 위험에 노출돼요. 공장에서 큰 기계를 다루는 근로자들도 마찬가지죠. 공사 현장이나 공장 작업 현장에서 일을 하다가 다치는 일이 생겨나기도 하는데, 이를 산업재해라고 해요. 산업재해 중 근로자가 사망하거나 다수의 근로자가 다치는 일이 발생하는 경우를 중대재해라고 해요. 산업재해를 막기 위해 근로자들이 위험한 곳에서 안전하게 일할 수 있도록 기준을 설정해 놓은 산업안전보건법이 있어요.

저작권법

저작권은 저작자가 저작물을 작성함으로써 얻게 되는 권리를 말해요. 말이 어렵죠? 저작물은 쉽게 말해 사람의 생각이나 감정을 표현한 창작물을 의미하고, 저작자는 창작물을 만든 사람을 뜻해요. 헌법은 "저작자·발명가·과학기술자와 예술가의 권리"를 법률로 보호하게 합니다. 헌법에 규정된 저작자의 권리를 보호하기 위해 제정된 법이 저작권법이에요. 소설책, 시집, 논문 등이 저작물에 포함되고, 음악, 영화 등도 저작물에 해당해요. 창작성이 있는 건축물도 저작권이 인정되는 저작물에 해당할 수 있어요.

뉴스를 보면 저작권을 침해당했다라는 표현이 자주 나옵니다. 이건 저작권자의 허락 없이 저작물을 이용하는 것을 뜻해요. 예를 들어 유튜브를 운영하는 사람이 자신이 좋아하는 음악을 저작권자의 허락을 받지 않고 유튜브에 올리는 것 등이 될 수 있지요. 저작권을 침해당한 사람은 침해한 사람을 상대로 손해배상청구를 할 수 있어요. 저작권을 침해한 사람은 형사처벌을 받을 수도 있답니다.

약관의 규제에 관한 법률

기업이 다른 사회 구성원과 맺는 생활관계는 미리 준비된 계약서를 통해 빠르게 이루어지는 경우가 많다고 설명했어요. 기업은 같은 거래를 대량으로, 반복적으로 하다 보니 계약서를 미리 마련해 놓고 있어요. 이를 약관이라고 합니다. 우리 친구들, 휴대폰을 개통하러 통신사 대리점에 부모님과 가 본 적이 있나요? 거기에 가면 부모님이 내용이 빽빽이 적힌 서류에 서명을 해요. 또 보험 계약을 체결할 때나, 은행에 가서 통장을 개설할 때도 미리 작성된 계약서에 서명하지요.

그런데 약관에 쓰여 있는 내용이 너무 많다 보니 고객들은 그 내용을 다 읽지 못하고, 약관에 어떤 내용이 들어 있는지 잘 모르는 경우가 많아요. 그렇게 잘 모르는 채 서명하기도 하고요. 이런 약관의 내용 중에 고객들에게 불리한 내용이 들어 있는 경우 약관의 규제에 관한 법률이 작동합니다. 예를 들어, 약관의 규제에 관한 법률은 기업이 부주의해서 손해배상책임을 져야 할 때 기업의 손해배상책임을 없게 하는 내용은 고객에게 부당하게 불리한 조항이므로 무효라고 규정하고 있어요.

범죄행위에 작동하는 법

범죄와 형벌에 관한 일반법이 형법이에요. 형법에 규정된 범죄 중에서 일부 범죄에 대해 더 엄하게 처벌할 필요가 있다든지 할 때는 특별법을 제정하고 있어요. 나아가, 사회 구성원 사이에 적용되는 법, 정부와 지방자치단체의 행정작용에 적용되는 법 중에서도 어떤 행위에 대해서 처벌할 필요성이 있는 경우에는 그 법에 형벌을 부과할 수 있는 규정이 있어요. 앞서 사회 구성원 사이에 적용되는 법 중 근로기준법이나 저작권법처럼요. 이번에는 범죄행위에 작동하는 몇 가지 법을 알아보도록 해요.

형법

형법은 어떠한 행위가 범죄가 되고, 그 범죄에 대해서 어떤 형벌을 내릴지 규정하는 법이에요. 민법을 이야기할 때, 다른 사람을 때려서 다치게 하는 행위, 다른 사람의 물건을 훔치는 행위, 중고 매매 사이트에서 다른 사람에게 가짜로 물건을 팔 것처럼 속여 돈을 받아 내는 행위는 민법에 따르면 불법행위가 되고 피해자가 손해배상청구를 할 수 있다고 했습니다. 이런 행위들은 형법에 따르면 범죄가 돼요. 다른 사람을 때려서 다치게 하는 행위는 상해죄가 되고, 다른 사람의 물건을 훔치는 행위는 절도죄가 돼요. 중고 매매 사이트에서 다른 사람에게 가짜로 물건을 팔 것처럼 속여 돈을 받아 내는 행위는 사기죄에 해당해요.

범죄 성립 3단계

어떠한 행위가 범죄로 성립되려면 크게 3단계가 필요해요. 먼저, 어떠한 행위가 형법에 규정된 범죄를 구성하는 요건에 해당해야 해요. 폭행죄는 일부러 다른 사람의 신체에 폭행을 가한 경우에 성립하는 범죄인데요, 다른 사람의 신체를 때리는 행위는 폭행죄의 구성요건에 해당해요.

다음으로 정당방위 같은 그 행위의 위법성을 배제할 수 있는 사유가 없어야 해요. 이 단계에서 살펴보는 것은 다른 사람을 왜 때리게 되었는지입니다. 다른 사람이 위험한 물건을 들고 먼저 공격해 올 때, 이를 막기 위해 다른 사람의 신체에 폭력을 행사하는 경우가 있을 수 있는데, 이를 정당방위라고 해요. 다른 사람을 왜 때리게 되었는지를 살펴서 정당방위처럼 정당한 이유가 있으면 법에 위반되지 않게 돼요.

구성요건에 해당하고 위법성을 배제할 사유가 없는 경우에 마지막으로 책임능력이 있는지를 살펴요. 형법에서 말하는 책임은 법에 위반되는 행위를 한 것에 대해서 행위자를 나쁘게 말할 수 있는지에 관한 비난 가능성을 말하는 거예요. 말이 어렵죠? 이건 행위자가 법에 위반되는 행위를 하지 않을 수도 있었는데 법에 위반되는 행위를 하려고 생각하고 그에 따라 법에 위반되는 행위를 한 것에 대해서 비난하는 것이죠. 책임의 판단 대상은 행위이고 그 행위를 하려는 의사 결정을 했기 때문에 책임을 지는 거예요. 그런데 형법에서는 만 14세가 되지 않은 사람은 형사미성년자라고 해서 처벌하지 않아요. 14세가 되지 않은 사람은 법에 위반되는 행위를 하더라도 그 행위를 비난할 정도로 성숙하지 못했기 때문이에요. 나아가 정신병 등으로 인해 불법을 알 수 있는 능력(사물을 변별할 능력)이나, 불법을 구별해서 자신의 행위가 불법하지 않도록 지배하고 조종할 수 있는 능력(의사를 결정할 능력)이 없는 경우에는 처벌하지 못해요. 이렇게 3단계를 통과하게 되면 유죄가 인정돼요. 유죄로 인정되면 앞에서 봤던 것처럼 형사재판을 한 판사가 양형을 하게 된답니다.

도로교통법

도로교통법은 도로에서 차량 흐름이 원활히 될 수 있게 도로를 걸어서 건너려는 사람은 어떻게 건너야 하는지, 운전자는 자동차를 어떻게 운전해야 하는지, 자동차가 교차로를 어떠한 원칙에 따라 통과해야 하는지 등 여러 가지 기준을 정하고 있어요. 우리 친구들도 어른들처럼 멋지게 운전하고 싶다는 생각, 빨리 운전면허를 받으면 좋겠다고 생각해 본 적 있나요? 자동차 운전면허는 만 18세 이상이 되어 운전면허 시험을 봐야 딸 수 있어요. 도로교통법에 따라 운전면허 없이 자동차를 운전하면 무면허운전으로 형사처벌을 받아요.

여러분은 부모님과 함께 차를 타고 가다가 음주단속이 이루어지는 상황을 본 적이 있을 수도 있고, 음주한 채 자동차를 운전하다가 도로를 건너는 사람을 치어서 사람이 크게 다쳤다는 뉴스를 접하기도 했을 거예요. 도로교통법은 술을 마신 채 자동차를 운전하면 음주운전으로 형사처벌을 해요. 음주운전을 하면 형사처벌을 받는 것과 별개로 운전면허가 정지되거나 취소됩니다.

도로교통법이 무면허운전과 음주운전에 대해 형사처벌을 하는 것은 범죄행위에 작동하는 법으로서 역할을 하는 거고요, 음주운전을 한 사람의 운전면허를 취소하는 것은 국가의 행정작용에 작동하는 법으로서 역할을 하는 거예요. 즉, 도로교통법은 범죄행위에 작동하기도 하고, 국가나 지방자치단체의 행정작용에 작동하기도 하는 것이죠.

특정범죄 가중처벌 등에 관한 법률

뭔가 무시무시한 느낌이 들지요? 쉽게 말해서 형법을 비롯한 몇 개의 법에 규정된 범죄 중에서 어느 특정한 범죄에 대해서는 형벌을 더 무겁게 내릴 수 있는 근거가 되는 법이에요. 이 법을 줄여서 특정범죄가중법이라고 부릅니다. 예를 들어, 음주운전을 해서 사람을 다치게 한 사람이 다친 사람을 돌보지 않고 도망가 버렸어요. 이때 도망간 운전자는 특정범죄가중법에 따라서 가중처벌을 받아요. 사람을 폭행하면 형법에 따라 폭행죄로 처벌받는데, 운전하고 있는 버스 운전기사를 폭행하면 특정범죄가중법에 따라 형법보다 가중해서 더 무거운 처벌을 받아요.

예전에 자신이 저지른 범죄의 피해자를 가해자가 살해한 사건이 보도된 적이 있어요. 피해자가 신고해서 자신이 벌을 받게 되었다고 앙심을 품은 거죠. 사람을 살해하면 형법상 살인죄로 처벌받는데, 자신이 저지른 범죄의 피해자에게 앙갚음하는 보복 살인을 하면 특정범죄가중법에 따라서 더 무겁게 처벌받습니다.

성폭력범죄의 처벌 등에 관한 특례법

성폭력범죄의 처벌 등에 관한 특례법은 성폭력범죄의 처벌과 절차에 관해서 특별하게 취급하기 위해 제정된 법이에요. 이 법은 줄여서 성폭력처벌법이라고 해요. 성폭력범죄는 폭력이나 협박을 통해서 성과 관련된 피해자의 결정권을 무참히 짓밟는 범죄예요. 성은 정말 소중한 것이에요. 그 소중한 것을 짓밟힌 피해자의 마음은 이루 말로 표현할 수가 없어요. 성폭력범죄의 피해자들은 신체를 크게 다치기도 하고, 정신적으로도 회복하기 힘들 정도로 너무나 큰 피해를 입기도 해요. 일상생활을 할 수 없을 정도까지 이르기도 하죠.

사실, 성폭력범죄는 형법에도 규정되어 있어요. 그런데 성폭력범죄는 지속적으로 증가 추세에 있고, 더 흉악하고 포악해지고 있어요. 또 성폭력범죄자의 경우 다시 범죄를 저지르는 비율이 높고, 은밀하게 행해진다는 특성이 있지요. 이러한 점들 때문에 성폭력범죄자의 처벌을 강화해서 성폭력범죄를 예방하고자 성폭력처벌법이 제정되었답니다.

아동·청소년의 성보호에 관한 법률

아동·청소년의 성보호에 관한 법률은 아동과 청소년의 소중한 성을 성범죄자로부터 보호하고 아동과 청소년이 건강한 사회 구성원으로 성장할 수 있게 하는 것을 목적으로 제정된 법이에요. 혹시 집 근처에 성범죄자가 이사 왔다고 주소지와 신상 명세, 사진을 동반한 우편

물을 받은 적이 있나요? 이렇게 아동과 청소년을 상대로 성범죄를 저지르면 범죄자의 신상정보가 국가에 등록되고 국민에게 공개될 수 있어요. 아동과 청소년을 상대로 성범죄를 저지르면 아동, 청소년과 관련된 기관에 최장 10년 동안 취업할 수 없어요.

소년법

고대 시대에 유럽에서는 어린이와 청소년을 어른과 똑같이 취급했어요. 6세 정도만 되면 노동 현장에서 일하기도 했지요. 그래서 어린이와 청소년의 범죄에 대해서도 어른의 범죄와 똑같이 취급했어요. 그러다 로마가 기독교를 공인한 후, 중세 시대에 와서는 기독교의 영향으로 어린이와 청소년에 관한 생각이 조금씩 변했어요. 어린이와 청소년을 어른과 똑같이 취급하면 안 된다고 생각하게 된 거죠. 근대 시대로 넘어와서 1899년 미국 일리노이주에서 세계 최초로 소년법이 제정되고, 소년법원이 설치되었어요. 우리나라의 소년법은 소년을 처벌하기보다는 잘 가르치고 이끌어서 좋은 방향으로 성장할 수 있게 하는 것을 목적으로 합니다.

소년법에서는 19세 미만인 사람을 '소년'이라고 해요. 소년이 죄를 저지른 사건을 처리하는 절차는 소년보호사건과 소년형사사건으로 나누어요. 소년보호사건은 가정법원의 소년부나 지방법원의 소년부에서 처리하는데, 소년부에서 소년보호사건으로 처리하는 대상은 범죄소년, 촉법소년, 우범소년이에요. 범죄소년은 죄를 범한 14세부터 19세까지의 소년을 말해요. 촉법소년은 형법에 저촉되는 행위를 한 10세 이상 14세 미만인 소년을 의미해요. 우범소년은 형법에 저촉되는 행위를 할 우려가 있는 10세 이상의 소년이에요. 집단으로 몰려다니면서 주위에 불안감을 조성하거나, 정당한 이유 없이 가출하는 경우, 술을 마시고 소란을 피우는 경우가 우범소년에 해당할 수 있어요.

 소년보호사건을 심리한 소년부 판사가 내리는 처분은 10가지가 있어요. 이 10가지를 보호처분이라고 합니다. 보호처분 중 가장 경한 것(1호 처분)은 보호자 또는 보호자를 대신해서 소년을 보호할 수 있는 사람에게 감독하고 보호를 맡기는 거예요. 보호처분 중 가장 중한 것(10호 처분)은 소년을 최장 2년간 특수 교육 기관인 소년원에서 지내게 하는 거예요. 14세 미만의 형사미성년자가 죄를 범하면 처벌할 수 없지만, 10세 이상이면 소년보호사건에서 보호처분을 받을 수 있어요. 소년보호사건에 변호사가 참여해서 도움을 줄 수 있는데, 이때 변호사는 '보조인'이라고 부른답니다.

 소년형사사건은 어른에 대한 형사사건이 처리되는 절차와 크게 다르지 않아요. 다만, 소년법은 18세 미만인 소년을 사형이나 무기징역에 처할 때, 15년의 유기징역으로 선고해야 한다고 규정하고 있어요. 특정강력범죄의 처벌에 관한 특례법은 18세 미만인 소년을 사형이나 무기징역에 처할 때, 20년의 유기징역으로 한다고 규정하고 있습니다. 예전에 촉법소년에 해당하는 10대 4명이 같은 나이의 학생을 집단으로 폭행해 피해 학생이 크게 다친 사건과, 범죄소년에 해당하는 10대 2명이 초등학생을 살해한 사건이 뉴스에 크게 보도된 적이 있습니다. 이런 사건들을 계기로 소년법을 폐지하거나 소년범죄에 대한 처벌을 강화해야 한다거나, 범죄소년의 연령을 낮춰야 한다는 여론이 일어났어요. 소년범죄를 저지르는 연령이 낮아지고 그 수법이 악랄해지고 있으며, 소년범죄의 발생 건수도 증가하고 있다는 견해예요. 이에 대해 언론보도로 인해서 소년범죄가 사회적으로 위험하게 인식되고 있을 뿐이고, 실제로 소년범죄가 증가하고 있는 건 아니라고 보는 견해가 있어요.

보호처분 10가지

보호처분 종류	보호처분의 내용 (기간 또는 시간)	보호처분 대상 연령
1호	보호자나 보호자를 대신해서 소년을 보호할 수 있는 사람에게 감호 위탁 (6개월 - 6개월 연장 가능)	10세 이상
2호	수강명령 (100시간 이내)	12세 이상
3호	사회봉사명령 (200시간 이내)	14세 이상
4호	보호관찰관의 단기 보호관찰 (1년)	10세 이상
5호	보호관찰관의 장기 보호관찰 (2년 - 1년 연장 가능)	10세 이상
6호	아동복지시설이나 소년보호시설에 위탁 (6개월 - 6개월 연장 가능)	10세 이상
7호	병원, 요양소, 소년의료보호시설에 위탁 (6개월 - 6개월 연장 가능)	10세 이상
8호	1개월 이내의 소년원 송치 (1개월)	10세 이상
9호	단기 소년원 송치 (6개월 이내)	10세 이상
10호	장기 소년원 송치 (2년 이내)	12세 이상

정부·지방자치단체 등의 행정작용에 작동하는 법

행정이란 정부와 지방자치단체의 기관이 하는 모든 작용을 뜻하는 말이에요. 정부는 국회가 만든 법률을 집행하는 집행권이 있어요. 이 집행권을 행정권이라고도 해요. 우리 헌법은 행정권이 대통령을 대표자로 하는 정부에 있다고 규정하고 있답니다. 지방자치단체는 그 지방에 사는 주민들의 복리에 관한 일을 처리하고, 또 정부가 지방자치단체에 맡긴 국가의 일을 처리하기도 해요. 이번에는 정부나 지방자치단체 등의 행정작용에 작동하는 법 가운데 우리 친구들이 일상 생활에서 쉽게 마주할 수 있는 것과 관련된 몇 가지를 알아볼게요.

식품위생법

식품위생법은 식품을 만드는 업체, 식품을 판매하는 업체, 음식점 등이 지켜야 할 위생 기준에 관한 법이에요. 편의점이나 가게에서 유통기한이 지난 식품을 판매하면 일정 기간 영업을 정지하는 행정처분을 받게 돼요. 유통기한이 지난 식품을 판매하면 형사처벌을 받을 수도 있어요. 음식점에서 청소년에게 술을 파는 경우 일정 기간 영업을 정지하는 행정처분을 받게 돼요. 행정처분이란 정부나 지방자치단체의 기관인 행정청이 어떤 사실에 관해서 법에 따라 국민의 권리를 제한하거나 의무를 부과하는 힘을 행사하는 것을 말합니다. 여기서는 장사를 못하도록 권리를 제한하는 것이지요. 행정청이 식품위생법에 따라 행정처분을 하기 위해서는 적법한 절차에 따라야 하는 게 당연하겠지요.

공중위생관리법

공중위생관리법은 숙박업소, 목욕탕, 사우나, 미용실, 세탁소 등이 지켜야 할 위생 기준에 관한 법이에요. 이들 업체가 공중위생관리법에서 정한 기준을 지키지 않으면 영업 정지 등의 행정처분을 받을 수 있어요. 예를 들어, 목욕탕이나 사우나에서는 목욕물이나 욕조에 담긴 수질을 국민 건강에 해롭지 않게 일정한 기준을 유지해야 해요. 그렇지 않으면 행정청으로부터 영업 정지 등의 행정처분을 받을 수 있어요.

건축법

건축법은 건물을 지을 때 땅의 면적에 비해 건물을 얼마나 크게 지을 수 있는지에 대한 기준, 건물의 높이에 관한 기준, 건물의 구조에 관한 기준, 건물에 설치하는 전기나 전화 설비 등을 설치하는 기준 등을 정하는 법이에요. 영화관에 가서 영화를 보면 화재 등의 재난이 발생했을 때 대피 통로를 설명하는 영상이 나와요. 건축법은 화재 등이 났을 때 피난할 수 있는 통로를 만들게 하면서 피난 통로의 일정한 기준을 규정하고 있어요.

일정 규모 이상의 큰 건물을 건축하려면 건축주는 행정청의 허가를 받아야 합니다. 건축 허가를 받지 않고 건물을 건축하면 형사처벌을 받을 수 있어요. 건축 허가 신청을 했는데, 행정청이 이를 거부한 것은 행정처분에 해당해요. 건축 허가를 받아 건물을 건축하고 나면 행정청으로부터 사용해도 좋다는 사용 승인을 받아야 해요. 사용 승인을 받지 못하면 건물을 사용할 수 없고, 사용 승인을 받지 않은 채 건물을 사용하면, 이것 역시 형사처벌을 받을 수도 있어요. 행정청에 사용 승인을 신청했는데, 행정청에서 사용 승인을 안 해 주는 것도 행정처분에 해당해요. 행정청이 건축 허가를 해 준 후, 공사 과정에서 건축법을 위반한 게 적발되면 행정청이 건축 허가를 취소할 수도 있어요. 건축 허가를 취소할 때는 비례의 원칙(정당한 목적을 위해 필요한 경우 국민의 기본권을 제한하는 것)에 따라 합니다.

재미있는 법 이야기

변호사, 검사, 판사는 무슨 일을 할까요?

변호사가 하는 일

변호사는 법률적인 문제로 어려움을 겪는 사람을 도와줘요. 어떤 사람이 죄를 저질렀다고 의심받아 수사를 받거나 재판을 받고 있더라도 법원에서 유죄라고 확정받기 전까지는 무죄라고 추정됩니다. 이를 무죄추정의 원칙이라고 해요. 법률전문가인 변호사는 무죄추정을 받는 피의자와 피고인의 이야기를 듣고, 변호인으로서 피의자와 피고인에게 억울한 일이 생기지 않도록 법률적인 도움을 줘요.

범죄로 인해 피해를 받은 사람도 변호사의 도움을 받을 수 있어요. 중고 매매 사이트에 갖고 싶던 중고 게임기가 적절한 금액에 나와서 판매하는 사람에게 돈을 보냈는데 판매하는 사람이 중고 게임기를 보내주지 않은 경우를 볼까요? 판매하는 사람이 중고 게임기를 가지고 있지 않은데도 거짓말로 중고 매매 사이트에 중고 게임기를 팔겠다고 글을 올렸고, 어떤 사람이 그 거짓말에 속아서 돈을 보냈을 땐 그 사람은 사기죄의 피해자가 되는 거예요. 이때 피해자는 변호사의 도움을 받아 판매자를 처벌해 달라고 경찰서에 신고할 수 있어요. 자신에게 범죄를 저지른 사람을 처벌해 달라고 신고하는 것을 고소라고 해요.

또 그 피해자는 중고 게임기를 사고 싶어서 돈을 판매자에게 보냈는데 중고 게임기를 받지 못했기 때문에 손해를 입었어요. 이때 그 사람은 그 손해

를 회복하기 위해 경찰서에 고소하는 것과 별개로 변호사의 도움을 받아 판매자를 상대로 법원에 소를 제기할 수도 있어요. 즉, 중고 게임기 판매자에게 피해자가 손해 본 돈을 지급하라는 판결을 해달라고 법원에 요청하는 거예요. 이렇게 소를 제기해서 법의 판결이 이루어지는 절차를 소송이라고 해요. 피해자와 중고 게임기 판매자의 소송처럼 사회 구성원 사이의 소송을 민사소송이라고 해요. 민사소송에서 법원이 판결하는 것을 민사재판이라고 하고요.

　나아가, 행정기관의 행정처분이 적법한 절차에 따라 이루어지지 않았거나 법에 근거가 없는 경우 행정처분이 법에 위반되었으니 취소해 달라는 법원의 판결을 받기 위한 소를 제기할 수 있어요. 이렇게 행정청과 국민 사이의 소송을 행정소송이라고 하는데, 행정소송에서 법원이 판결하는 것을 행정재판이라고 해요. 이때에도 변호사의 도움을 받을 수 있어요. 민사소송이나 행정소송에서 변호사는 소송대리인이라고 불려요. 그 외에도 변호사는 법률문제에 대해 국가나 지방자치단체의 요청에 따라 자문을 해 주기도 합니다. 기업의 요청에 따라 계약서를 검토해 주기도 하고요. 변호사는 형사소송에서는 변호인, 민사소송이나 행정소송 등에서는 소송대리인, 소년보호사건에서는 보조인으로 불리면서 여러 일을 하고 있어요.

검사가 하는 일

검사는 검찰청에 소속되어 있어요. 검찰청은 대검찰청, 고등검찰청, 지방검찰청으로 구성되는데, 전국에 있는 법원에 대응해서 설치돼 있어요. 즉, 대검찰청은 대법원에, 고등검찰청은 고등법원에, 지방검찰청은 지방법원에 대응해 설치되었다는 얘기예요. 지방검찰청에는 사무 분담을 위해 지청을 둘 수 있어요. 예를 들어, 목포시에는 광주지방검찰청 목포지청이 있어요.

검사가 하는 일 중 가장 중요한 것은, 범죄혐의가 있는 사람에 대해 법원에 공소제기를 해서 법원의 판결이 있을 때까지 피고인이 죄를 범했다는 것을 증거로 입증하는 거예요. 이 공소제기는 검사만이 할 수 있어요. 검사가 범죄혐의가 있는 사람에 대해 공소제기를 하려면 범죄혐의가 있다는 걸 밝혀야 하잖아요. 그래서 범죄혐의를 밝히기 위해 증거를 수집하는 수사가 이루어져요. 대부분 범죄에 대해서는 경찰이 수사하고, 중요한 범죄에 대해서는 검사가 직접 수사할 수 있어요. 강제 수사를 하기 위해서는 영장이 필요한데, 영장은 검사가 법원에 청구해서

8장 우리 주변에서도 여러 법이 작동하고 있어요

발부받아요. 경찰이 수사해서 검사에게 송치한 사건이나 경찰이 강제 수사가 필요해 검사에게 영장을 법원으로부터 받아달라고 요청하면, 검사는 필요한 경우 보완 수사를 경찰에게 요구할 수도 있어요. 그래서 검사와 경찰은 서로 협력해야 해요.

검사의 공소제기 후에는 법원에서 피고인에게 죄가 있는지 없는지를 따지는 형사재판이 이루어져요. 형사재판에서 검사는 피고인에게 죄가 있다는 것을 입증하기 위해서 노력해요. 피고인의 유죄를 입증해야 할 책임이 검사에게 있기 때문이에요. 검사가 유죄 입증을 하기 위해 노력하는 반면에, 변호인은 피고인을 도와서 피고인의 무죄를 밝히거나, 양형에 유리한 내용을 주장하고 그에 대한 자료를 제출해요. 형사재판에서 검사가 한쪽 당사자가 되고, 피고인과 변호인이 한쪽 당사자가 되어 주장과 증거를 통해 공격하고 방어를 하지요. 형사소송에서 검사는 공익의 대표자로서 일해요. 그래서 검사는 피고인에게 유리한 자료도 형사재판에 제출해야 한답니다.

판사가 하는 일

대법원장과 대법관이 아닌 법관을 판사라고 해요. 형사소송에서 검사가 법원에 공소제기를 하면 법원에서는 형사재판이 진행돼요. 검사는 피고인의 유죄를 입증하기 위해 노력하고, 변호인은 피고인을 도와 피고인의 무죄를 밝히거나 피고인에게 유리한 증거를 제출하지요. 판사는 검사가 하는 주장과 증거, 변호인이 하는 주장과 자료를 살펴서 피고인이 유죄인지 무죄인지 판단하는 판결을 합니다. 피고인이 유죄이면 판사가 양형을 하지요.

민사소송에서는 소를 제기한 사람을 원고라 하고, 원고로부터 소를 제기당한 사람을 피고라고 해요. 원고와 피고가 민사소송의 당사자예요. 민사소

송이 이루어지면, 판사는 원고와 피고가 주장하는 내용과 입증하는 증거를 살펴 원고가 주장하는 권리가 있는지 없는지를 판결하는 민사재판을 해요.

행정청과 국민 사이의 행정소송에서는 행정청의 처분을 취소해 달라고 소를 제기하는 사람을 원고, 처분을 한 행정청을 피고라고 해요. 행정소송이 이루어지면 판사는 행정청의 처분이 위법한 것인지를 판결하는 행정재판을 해요. 법관 또는 판사는 헌법과 법률에 근거해서 양심에 따라 누구의 간섭도 받지 않고 독립해서 재판을 해야 해요.

9장

억울해요, 법으로 해결할래요!

민사소송

사회 구성원 사이에 작동하는 법에 따라 사회 구성원 사이의 법률관계 즉, 권리·의무관계가 형성돼요. 사회 구성원 사이의 법률관계에서 권리를 침해받은 사람은 법원에 소를 제기해서 법원의 재판을 통해 권리를 구제받을 수 있어요. 이러한 민사소송을 위한 절차법으로 민사소송법이 제정되어 있고요. 사회 구성원 사이에 작동하는 법이 민사소송법을 통해 구현되는 것이죠.

민사소송법은 원고가 소의 제기를 어떻게 하는지, 원고와 피고가 소송에서 주장하는 내용을 어떻게 서면에 적어 제출하는지, 각 당사자가 주장하는 내용을 증명하는 증거는 어떻게 제출하는지, 재판은 어떻게 하는지 등에 관해 규정하고 있어요.

민사소송의 과정

민사소송법에 따른 민사소송의 과정을 같이 알아봐요.

소의 제기

예를 들어, A와 B 두 사람 간에 계약을 체결했는데 A가 계약 내용대로 이행하지 않았어요. 그러면 B는 A를 피고로 하여 계약 내용대로 이행하라는 소를 법원에 제기할 수 있어요. 다른 사람의 불법행위로 손해를 본 사람은 불법행위를 한 사람을 피고로 해서 손해배상을 하라는 소를 법원에 제기할 수 있어요. 그런데 원고가 소를 제기할 때는 그냥 법원에 가서 말로 하면 될까요? 아니요, 이때는 소장을 법원에 제출해요. 이 소장에는 원고가 법원에 재판청구권을 행사해서 얻으려고 하는 결론이 무엇인지에 관한 청구취지를 적어요. 또 그러한 청구를 하게 된 원인이 되는 사실관계를 적고, 그 사실관계에 따라 적용되는 법이 무엇인지에 관한 청구원인을 적어야 해요. 청구원인을 입증할 수 있는 증거도 제출하고요.

서면과 증거에 의한 공격과 방어

원고가 법원에 소를 제기하면 법원은 그 사건을 담당할 재판부를 지정해요. 재판부는 판사 1명이 재판하는 단독재판부와, 판사 3명이 재판하는 합의부가 있어요. 재판부는 원고가 제출한 소장을 피고에게 보냅니다. 그럼 피고는 원고의 청구를 인정하는지, 인정하지 않는지에 관한 입장을 적은 답변서를 법원에 제출해요. 피고가 답변서를 제출한 이후에 원고와 피고는 각자가 주장하는 내용을 기재한 준비서면이라는 서류를 법원에 제출할 수 있고, 각자 주장하는 사실에 관한 증거를 법원에 제출할 수 있어요.

변론과 판결

재판부는 날짜와 시간을 정해 원고와 피고를 법원에 출석하게 해서 각 당사자가 주장하는 내용이 무엇인지, 제출하는 증거가 무엇인지 살펴보는 절차를 갖는데, 이를 변론이라고 해요. 변론이 정해진 날짜를 변론기일이라고 하지요. 변론기일에는 필요할 경우 증인이 나와서 증인신문이 이루어지기도 해요. 변론 과정에서 양 당사자는 수시로 준비서면과 증거를 제출할 수 있어요. 재판부는 원고와 피고가 더 이상 주장하고 제출할 증거가 없을 때까지 몇 차례 변론기일을 잡아 변론을 거치게 한 후에 변론을 종결하고 판결을 선고해요. 재판부가 판결을 선고한 후, 원고와 피고에게 판결 내용이 담긴 판결서를 보내요. 이렇게 1심 재판이 끝납니다.

형사소송

국가가 범죄를 저질렀다고 의심되는 사람을 수사해서 법원의 재판을 받게 하고, 형벌을 주는 절차를 형사소송이라고 해요. 이러한 절차가 구체적으로 어떻게 진행되는지에 관해 규정한 법이 형사소송법이에요. 범죄행위에 작동하는 법, 즉 국가의 형벌권이 형사소송법을 통해 구체적으로 실현되는 것이에요.

형사소송의 과정

형사소송법에 따른 형사소송 절차를 간략하게 설명해 볼게요.

수사와 공소제기

형사소송은 범죄혐의가 있는 사람에 대한 수사에서 시작해요. 범죄 피해자는 경찰에 죄를 범한 사람을 처벌해 달라고 고소할 수 있어요. 범죄 피해자가 아니더라도 범죄가 이루어진 사실을 알고 있는 사람은 경찰에 신고할 수 있는데, 이를 고발이라고 해요. 그런데 다른 사람을 형사처벌 받게 하려고 경찰에 진실이 아닌 것을 진실인 것처럼 꾸며서 신고하면 무고죄가 될 수 있어요. 거짓말로 고소나 고발을 하면 안 되는 거예요. 고소 또는 고발은 수사의 단서가 돼서 수사가 진행되지요. 수사기관이 수사를 진행한 결과 범죄혐의가 있다고 판단하면 검사가 법원에 공소제기를 해요.

공판과 증거 조사

법원은 공소제기된 사건을 재판할 재판부를 지정해요. 재판부는 판사 1명이 재판하는 단독재판부와, 판사 3명이 재판하는 합의부가 있어요. 지정된 재판부는 날짜와 시간을 정해 검사와 피고인 및 변호인을 출석하게 합니다. 그래서 검사로부터 공소를 제기한 내용이 무엇이고, 이에 대해 피고인과 변호인의 입장은 어떻게 되는지 이야기를 들어요. 이러한 절차를 공판이라고 하고, 공판이 정해진 날짜를 공판기일이라고 해요. 범죄 피해자는 공판기일에 법원에 출석해서 자신의 의견을 이야기할 수 있어요. 피고인은 법원에서 유죄가 확정될 때까지 무죄로 추정되고, 피고인에 대한 유죄 입증 책임은 검사에게 있어요. 형사소송에서 피고인의 유죄를 입증하는 증거를 법원에서 조사할 때는 민사소송이나 행정소송보다 엄격한 절차에 의해서 조사가 이루어져요.

판결

증거 조사 결과 판사가 피고인이 죄를 범했다는 점에 관해서 합리적인 의심이 들면 무죄를 선고해요. "의심스러울 때는 피고인의 이익으로"라는 원칙 때문이에요. 판사가 피고인이 죄를 범했다는 것에 합리적인 의심이 들지 않으면 유죄판결을 선고하고, 더불어 양형위원회의 양형 기준을 참고해서 유죄판결에 따른 형사처벌의 종류와 정도를 선고해요. 이렇게 1심 재판이 끝나게 돼요. 형사재판에서는 판결서를 따로 보내지는 않고, 별도로 판결서를 교부해 달라고 법원에 신청해야 해요.

행정심판과 행정소송

● **행정심판**

행정청의 행정처분으로 인해 권리를 침해당한 사람이 있어요. 그 사람은 법원에 소를 제기하기 전에 행정청의 행정처분을 취소해 달라고 그 처분을 내린 행정청을 피청구인으로 해서 피청구인의 상급행정청에 행정심판을 청구할 수 있어요. 예를 들어, 김해시장이 어떤 행정처분을 내렸는데, 권리를 침해당한 사람이 김해시보다 더 높은 경상남도 행정심판위원회에 행정심판을 청구할 수 있다는 뜻이에요.

또 보건복지부 장관이 한 행정처분이 부당하다는 생각이 든 사람은 더 높은 관청인 중앙 행정심판위원회에 행정심판을 청구할 수 있어요. 이러한 행정심판의 절차를 규정하는 법이 행정심판법이에요. 행정심판위원회에서 행정심판을 제기한 청구인의 손을 들어주면 피청구인은 그대로 따라야 해요. 반대로, 행정심판위원회가 피청구인의 손을 들어주면 청구인은 법원에 행정소송을 할 수 있어요.

행정소송

행정청이 내린 행정처분 때문에 권리를 침해당한 사람은 행정청의 행정처분을 취소해 달라는 소를 법원에 제기할 수 있어요. 예를 들어, 도로교통법에 따라 운전면허가 정지되거나 취소된 경우, 식품위생법 또는 공중위생관리법에 따라 영업 정지가 된 경우, 행정청이 건축법에 규정된 건축 허가나 사용 승인을 거부한 경우 등처럼 행정청의 행정처분으로 권리를 침해당하면 행정소송을 제기할 수 있는 것이죠.

행정소송의 절차를 규정하고 있는 법이 행정소송법이에요. 행정청의 행정처분으로 인해 권리를 침해당한 사람은 행정심판을 거치거나 혹은 거치지 않고 바로 행정소송을 제기할 수 있어요. 행정소송을 제기한 사람을 원고, 원고에게 행정처분을 한 행정청을 피고라고 해요. 행정소송은 민사소송과 비슷한 절차에 따라 진행되며, 재판부가 판결을 선고하면 1심 재판이 끝나요.

그 밖의 소송

가사소송

민법에는 가족관계, 상속 등에 관한 내용도 규정되어 있어요. 혼인에 대한 문제 또는 부부 사이의 재산 다툼이 있거나, 상속에 대해 다툼이 있는 경우 이런 문제를 해결하기 위해 법원에 소를 제기할 수 있어요. 이런 소송을 가사소송이라고 해요. 이혼소송이 가사소송의 대표적인 예라고 할 수 있지요. 가사소송은 가사소송법의 적용을 받고, 가정법원에서 재판해요.

특허소송

전화기를 발명한 사람이 알렉산더 그레이엄 벨이라고 알고 있잖아요. 그런데 엘리샤 그레이라는 사람 역시 전화기를 발명했어요. 1876

년 2월 14일에 알렉산더 그레이엄 벨과 엘리샤 그레이가 각자 미국 특허청에 전화기 발명에 대한 특허 신청을 했어요. 그런데 미국 특허청은 엘리샤 그레이보다 2시간 먼저 특허 신청을 한 알렉산더 그레이엄 벨에게 특허권을 인정해 줬어요.

1876년의 전화기 발명처럼 새로 발명한 기술이나 발명품이 자신에게 있다고 확인받는 것을 특허라고 해요. 특허와 관련된 다툼으로 법원에 소를 제기해 이루어지는 일련의 소송을 특허소송이라고 해요. 특허소송 중 특허심판원의 결정 등에 대한 소송에 관해서는 특허법에 규정되어 있고, 그 특허소송은 특허법원에서 합니다.

선거소송, 당선소송

우리나라에서는 대통령 선거, 국회의원 선거, 지방자치단체의 장 선거, 지방의회의원 선거가 이루어지고 있어요. 선거소송은 위와 같은 선거의 효력에 이의가 있을 때 선거의 무효를 주장하면서 법원에 소송하는 거예요. 당선소송은 위와 같은 선거로 당선된 당선자가 필요한 자격을 갖추지 못하고 있거나 당선인 결정에 위법이 있다는 등의 사유로 당선이 무효라고 주장하면서 당선자를 상대로 법원에 소송을 하는 거고요. 선거소송과 당선소송은 공직선거법에 규정되어 있답니다.

국민참여재판

우리나라는 법관에 의해 재판이 이루어지는 대륙법계 국가예요. 그런데 형사소송에서 검사가 법원에 공소제기를 해서 판사 3인으로 구성된 합의부가 재판부로 지정된 경우, 영미법계 국가의 배심원에 의한 재판처럼 배심원이 참여하는 국민참여재판을 받을 수 있어요. 다만 영미법계 국가의 배심원 재판 제도와 우리나라의 국민참여재판의 결정적인 차이는, 변론이 종결된 후 배심원이 토의해서 결정한 평결을 법원이 그대로 받아들여야 하는가예요. 즉, 영미법계 국가의 배심원 재판에서는 배심원의 평결을 따라야 하지만, 국민참여재판에서는 법원이 배심원의 평결과 다른 판결을 할 수 있어요. 피고인이 국민참여재판을 받고 싶어 하지 않으면 국민참여재판을 받지 않아요. 피고인이 원하면 국민참여재판이 이루어지는데, 이때 피고인에게 변호인이 없으면 법원은 반드시 국선변호인을 선정해 줘야 합니다.

국민참여재판의 배심원이 되려면 만 20세 이상의 대한민국 국민이어야 해요. 판사, 검사, 변호인은 배심원 후보자가 사건을 공정하게 판단할 수 있는지 등을 알아보기 위해 질문하는 절차를 거쳐요. 이러한 과정을 통해서 법률과 관련된 일을 하거나 배심원으로 참여하게 될 사건과 관련이 있는 사람은 배심원에서 제외돼요. 중한 범죄의 경우 배심원이 9명으로 구성되고, 그 외에는 사건에 따라 7명 또는 5명으로 구성될 수도 있어요. 국민참여재판과 관련하여 '국민의 형사재판 참여에 관한 법률'이 제정되어 있는데, 줄여서 국민참여재판법이라고 해요.

모든 국민은 헌법과 법률이 정한 법관에 의하여 법률에 따른 재판을 받을 권리인 재판청구권이 있어요. 국민참여재판법에 따르면, 법원의 합의부가 재판하는 형사사건에 한해서 국민참여재판을 받을 수 있어요. 그러면 국민의 기본권인 재판청구권에 국민참여재판을 받을 권리가 포함될까요? 헌법재판소는 헌법이 규정하는 재판청구권은 법관에 의한 재판을 주된 내용으로 하는 것이기 때문에 재판청구권에 국민참여재판을 받을 권리가 포함되어 있는 것은 아니라고 판단했어요.

재미있는 법 이야기

국선변호인

 헌법은 제12조 제4항에서 변호인의 조력을 받을 권리를 규정하면서 "형사 피고인이 스스로 변호인을 구할 수 없을 때는 법률이 정하는 바에 의하여 국가가 변호인을 붙인다"라고 규정하고 있어요. 그럼, 언제 국선변호인이 필요할까요? 피고인이 가난해서 변호인을 선임할 수 없을 때 법원에 국선변호인을 선정해 달라고 청구할 수 있어요. 또 법원에서 직권으로 국선변호인을 선정해야 할 때도 있어요. 바로 피고인이 구속됐을 때, 미성년자일 때, 70세 이상일 때, 듣거나 말하는 데 모두 장애가 있을 때, 심신장애가 있는 것으로 의심되는 때, 사형·무기징역이나 금고·3년 이상의 징역이나 금고에 해당하는 범죄로 기소가 된 때 등입니다.

 오래 전에 감명 깊게 본 미국 국선변호인에 관한 영화가 있어 소개합니다. 실화를 바탕으로 한 영화 《일급살인》으로, 영화 속 헨리 영(케빈 베이컨 분)은 배고픈 동생을 위해 5달러를 훔친 죄로 징역 2년을 선고받고 미국 샌프란시스코의 앨커트래즈섬에 있는 교도소에 갇힙니다. 헨리 영은 5달러 때문에 2년 동안이나 교도소에 살 수는 없다는 생

9장 억울해요, 법으로 해결할래요

각에 탈옥을 시도하지만 붙잡히죠. 이 때문에 헨리 영은 앨커트래즈 교도소의 지하 독방에 3년 동안 갇히게 돼요. 지하 독방에서 앨커트래즈 교도소의 부소장 글렌으로부터 매질을 당하고, 심지어 부소장 글렌은 헨리 영의 오른쪽 발목을 면도칼로 그어 버려 다리를 절게 만듭니다. 헨리 영은 햇빛이 들어오지 않는 지옥 같은 지하 감옥에서 자기 배설물 냄새를 맡으며 구구단을 외우거나 혼잣말로 야구 중계를 하면서 버텨내다가 3년이 지나서야 지하 감옥에서 나오게 됩니다. 헨리 영은 자신이 탈옥하는 것을 신고한 사람이 있다는 말을 듣고 이성을 잃어 교도소에 있는 200명이 지켜보는 자리에서 자신을 신고한 사람을 죽이게 돼요.

헨리 영은 일급 살인죄로 기소되고, 국선변호인 제임스 스탬필(크리스천 슬레이터)이 헨리 영의 변호를 맡습니다. 제임스 스탬필은 헨리 영을 만나 이야기를 나누면서 헨리 영이 앨커트래즈 교도소의 지하 독방에서 3년 동안 끔찍한 학대와 고문을 받았다는 사실을 알게 돼요. 제임스 스탬필은 형사재판이 진행되는 과정에서 3년간의 독방 생활과 학대, 고문이 헨리 영을 미치게 했고 살인 도구로 전락시켰다고 주장하면서 앨커트래즈 교도소를 헨리 영을 고문한 죄로, 헨리 영을 살인 도구로 만들어 사람을 살인한 죄로 고발한다고 절규합니다. 그 영화가 제 마음속에 지금도 남아 있는 건 영화가 전하는 묵직한 이야기의 힘이 스며들었기 때문이겠죠.

제가 변호사가 되고 나서 얼마 되지 않아, 전자금융거래법을 위반한 혐의로 기소된 피고인의 국선변호인으로 선정된 적이 있어요. 그 피고인은 서울역에서 노숙하던 사람인데, 자기 이름으로 통장을 만들어 다른 사람에게 넘겨주고 그 대가로 돈을 받았어요. 액수가 많지는 않았지요. 그렇지만 전자금융거래법은 통장을 만들어 돈을 받고 다른 사람에게 넘겨주는 걸 금지하고, 이를 위반하면 형사처벌을 받습니다. 통장의 명의자와 실제 사용자가 다른 것을 '대포통장'이라고 하는데, '보이스 피싱(전화 금융사기)' 조직이 대포통장을 이용해서 사기죄를 저질렀고, 그에 대한 수사가 이루어지면서 그 피고인의 전자금융거래법 위반혐의가 밝혀졌어요. 공판기일이 되어 전자금융거래법 위반으로 기소된 피고인과 함께 법원에 출석해서 재판을 마치고 나온 후, 그 피고인에게 서울에서 여기(천안)까지 어떻게 왔는지 물어보았죠. 그 피고인은 무임승차로 지하철을 타고 왔다고 하더라고요. 그 피고인에게 무임승차를 하지 않게 승차권을 사고 점심 식사도 하고 가라고 차비와 점심값을 드렸어요. 그 피고인은 어색하게 돈을 받더니 고맙다고 하면서 꼭 갚겠다고 하더군요. 이제는 그 피고인의 얼굴도 생각나지 않지만, 한때의 기억이 가끔 떠오르네요.

10장

오판의 가능성을 막아요

사법권의 독립

　삼권분립에 따라 법률은 국회에서 만들고, 법의 집행은 정부에서 해요. 재판은 법원에서 하고요. 이렇게 하는 건 견제와 균형을 통해 권력을 남용하지 못하게 하려는 거예요. 한 걸음 더 나아가 헌법은 제103조에서 "법관은 헌법과 법률에 의하여 그 양심에 따라 독립하여 심판한다"라고 규정하고 있어요.

　왜 헌법은 법관이 독립해서 재판한다는 규정을 따로 두고 있을까요? 법을 만들고 집행하는 과정에서 억울한 사람의 권리를 되찾아 주기 위한 여러 장치가 있지만, 마지막으로 권리를 구제해 주는 곳은 법원이에요. 최후의 보루라고 할 수 있죠. 그런 법원이 경제적인 힘이나 정치적인 힘을 많이 가진 사람을 위해 일하면 안 되잖아요. 법원의 구성원인 법관이 권력을 가진 사람들의 압력에서 벗어나 공정하게 재판할 수 있도록 사법권의 독립이 필요한 거예요.

　또 법관이 법원 내부 조직의 눈치를 보지 않고 자신이 담당한 사건을 재판할 수 있게 하기 위해서도 사법권의 독립이 필요해요. 이를 위해서 법관의 자격을 법률로 정하고, 대법관 외의 법관 인사를 법원 내부에서 정할 수 있게 합니다. 법관의 임기와 정년을 보장하고, 탄핵이나 금고 이상의 형사처벌을 받지 않는 이상 법관을 그만두게 할 수 없어요.

심급제

법원의 종류

우리나라 법원은 최고 법원인 대법원과 전국의 많은 법원으로 구성돼 있어요. 대법원 외에 어떤 법원이 있을까요? 고등법원, 특허법원, 지방법원, 행정법원, 가정법원 등이 있어요. 대법원이 최고 법원이고요, 대법원 아래에 고등법원이, 고등법원 아래에 지방법원, 행정법원, 가정법원 등이 있어요. 이렇게 법원 사이에는 서열이 있어요. 특허법원은 고등법원과 같은 급에 속하고, 특허소송을 전담합니다. 지방법원은 민사소송과 형사소송을 맡고 있지요. 행정법원은 행정소송을 전담하고, 가정법원은 가사소송을 전담해요. 지방법원, 행정법원, 가정법원은 같은 급에 속해요. 지방법원과 가정법원은 사무 일부를 처리하기 위해 관할구역 안에 지원과 가정지원, 시·군 법원을 둘 수 있어요.

예를 들어, 천안시에는 대전지방법원 천안지원과 대전가정법원

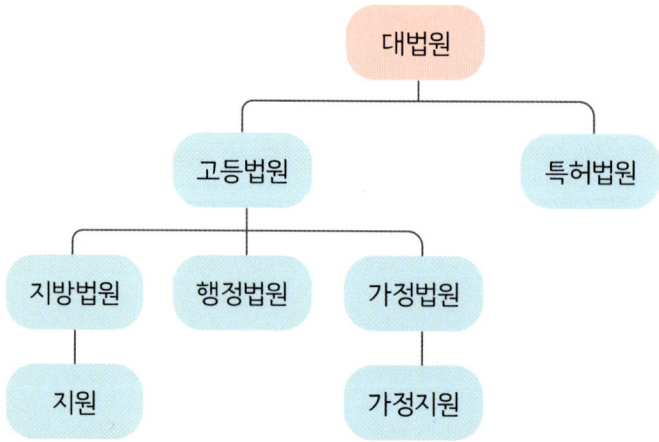

천안지원이 있어요. 천안시 옆에 있는 아산시에는 아산시법원이 있답니다.

심급제

앞에서 말했듯이 법원 사이에는 서열이 있어요. 예를 들어, 민사소송이나 형사소송에서 가장 먼저 재판하는 곳은 지방법원이에요. 지원이 설치되어 있는 곳은 지원에서 재판을 해요. 지방법원이나 지원의 판결에 이의가 있으면 고등법원에 재판을 신청할 수 있고, 고등법원 판결에도 이의가 있으면 대법원에 재판을 신청할 수 있어요. 이렇게 법원 사이에 서열을 둬서 여러 번 재판 받을 수 있게 하는 제도를 심급제라고 해요.

우리나라의 재판은 기본적으로 3심제로 운영되고 있어요. 3번 재판을 할 수 있다는 거죠. 구체적으로 1심에서 지방법원 또는 지원의 합의부가 재판한 사건은 지방법원 또는 지원(1심) 합의부 → 고등법원(2심) → 대법원(3심)의 경로를 따라, 단독재판부가 재판한 사건은 지방법원 또는 지원(1심) 단독재판부 → 지방법원 항소부(2심) → 대법원(3심)의 경로로 이루어져요. 민사소송, 형사소송, 행정소송, 가사소송은 모두 3심제로 운영돼요.

1심 판결에 이의가 있어서 2심인 고등법원에 재판을 신청하는 것을 항소라고 해요. 2심 판결에 이의가 있어 3심인 대법원에 재판을 신청하는 것을 상고라고 해요. 항소와 상고를 통틀어 상소라고 하지요.

이렇게 심급제를 통해 3번 재판받을 수 있게 하는 이유는 무엇일까요? 바로 오판을 막기 위해서예요. 법관이 헌법과 법률에 의해 양심에 따라 독립해서 공정한 재판을 하려고 하지만, 법관도 사람이기 때문에 실수를 할 수 있잖아요. 재판의 또 다른 주체인 검사, 변호사, 당사자들 또한 마찬가지고요. 잘못된 판결 때문에 억울한 일을 당하는 사람이 없도록 하기 위한 안전장치가 되는 것이죠. 그렇지만 위 실수라는 것은 극단적인 경우를 가정한 것이고, 대체로 재판의 주체들이 사건을 바라보는 관점이 서로 다르기 때문에 생각이 다를 수 있고, 다름에서 오는 의견의 차이는 1번의 재판만으로 쉽게 받아들이기 어려울 수 있어요. 이런 측면에서 3심제는 정당한 판결이 이루어지도록 하는 연속된 고민의 과정이라고 볼 수 있죠.

하지만 모든 재판이 3심제로 운영되는 건 아니에요. 특허소송 중 특허심판원의 결정 등에 대한 소송은 고등법원과 같은 급인 특허법원에서 처음 재판하고, 특허법원의 판결에 이의가 있으면 대법원에 재판을 신청해요. 그래서 위 특허소송은 2심제로 운영돼요. 한편, 특허소송 중 특허권을 제3자가 침해해 다툼이 일어난 소송의 경우에는 지방법원에서 제1심을 맡고, 제2심은 특허법원에서, 제3심은 대법원에서 해요. 이 경우에는 3심제예요.

대통령이나 국회의원 선거, 비례대표 시·도의원 선거, 시·도지사 선거에서 선거나 당선의 효력에 이의가 있으면 대법원에 소를 제기해요. 대법원이 최고 법원이기 때문에 한 번만 재판을 받아요. 지역구 시·도의원 선거, 자치구·시·군의원 선거, 자치구·시·군의 장 선거에서 선거나 당선의 효력에 이의가 있으면 고등법원에 소를 제기하고, 고등법원의 판결에 이의가 있으면 대법원에 재판을 청구해요. 2심제로 운영되는 거죠. 참고로, 지방의회 의원, 지방자치단체의 장에 대한 선거나 당선의 효력에 대해 이의가 있는 경우 해당 선거관리위원회에 선거소청이나 당선소청이라는 절차를 거쳐야 위와 같이 법원에 소송을 할 수 있어요.

재심

    1심부터 시작해서 3심인 대법원에서 판결을 선고하면 대법원 재판에 더 이상 이의를 제기할 수 없고, 확정돼요. 1심 재판에 대해 2심 법원에 항소하지 않은 경우에도 판결은 확정돼요. 확정된 판결에 대해서는 더 이상 다툴 수가 없는 거지요. 재심은 위와 같이 확정된 판결에 대해 다시 재판해 달라고 법원에 청구하는 것을 말해요. 심급제도에도 불구하고 부당한 판결을 옳게 바로잡을 수 있는 마지막 수단이지요.

    이 재심은 재심을 할 수 있는 이유가 제한되어 있어서 쉽게 할 수 없어요. 확정된 판결에 대해 쉽게 재심을 할 수 있게 되면 법적 안정성을 해칠 우려가 있을 수 있으니까요. 반면, 확정된 판결이지만 부당한 판결임이 명백한데 재심을 허용하지 않으면 정의에 반하는 것이 되겠지요. 이런 까닭에 재심을 할 수 있는 이유를 극히 제한해서 재심을 인정하고 있어요. 민사소송법은 재심 이유 외에도 재심을 할 수 있는 기간도 정하고 있는데, 재심 사유를 안 날로부터 30일 이내에 재심을 제기해야 하고, 판결이 확정된 뒤 5년이 지나면 재심을 할 수 없어요. 형사소송법은 재심 이유 외에 재심을 할 수 있는 기간을 정하고 있지는 않아요. 헌법재판소법은 형벌에 관한 법률이 헌법재판소에 의해서 위헌으로 선언된 경우, 위헌으로 결정된 법률에 근거해 유죄가 확정된 판결에 대해서 재심을 청구할 수 있다고 규정하고 있어요.

> 재미있는 법 이야기

드레퓌스 사건과 삼례 나라슈퍼 사건

드레퓌스 사건

1894년 10월, 프랑스군의 참모본부에 근무하던 포병 대위 알프레드 드레퓌스는 독일 대사관에 군사 정보를 넘겨준 혐의로 체포됩니다. 독일 대사관 휴지통에 버려져 있던 메모지가 프랑스 참모본부에 전달되었는데, 그 메모지에 프랑스군의 기밀을 팔겠다는 내용과 문서의 목록이 담겨 있었던 거지요. 드레퓌스는 이 메모지를 작성해 독일 대사관에 넘겼다고 의심을 받았고요. 이 메모지에는 작성자가 누구인지 적혀 있지 않았는데, 드레퓌스가 이 메모지의 작성자로 의심받게 된 것은 이 메모지의 필체와 드레퓌스의 필체가 비슷하다는 이유 때문이었어요.

이 당시 프랑스에서는 독일에 대한 적대감이 높았어요. 1870년부터 1871년까지 프랑스가 독일과 치른 전쟁(보불전쟁)에서 독일에 패했기 때문이에요. 유대인인 드레퓌스는 명예를 중시하고 조국 프랑스에 대한 애국심도 높았어요. 그래서 유럽 전역에 유대인에 대한 반감이 컸던 그 시기에도 드레퓌스가 프랑스군의 참모본부에서 일할 수 있었던 거죠.

메모지 필체와 드레퓌스의 필체가 비슷하다는 주장 외에는 드레퓌스의 혐의를 입증할 증거는 전혀 없었어요. 그런데 드레퓌스가 유대인이라는 이유만으로 드레퓌스에 대한 의심은 확신으로 변했어요. 독일에 대한 적대감 때문에 드레퓌스가 희생양이 된 거였지요.

    1894년 12월 19일, 드레퓌스에 대한 군사재판이 파리에서 열렸어요. 메모지 필체와 드레퓌스의 필체를 감정했던 사람은 드레퓌스가 범인이라고 전제하고 이에 꿰맞추는 논리로 메모지 필체와 드레퓌스의 필체가 같다고 주장했어요. 결국, 1894년 12월 22일 드레퓌스는 반역죄로 유죄판결을 받았고, 드레퓌스에게 내려진 형벌은 무기징역이었어요. 드레퓌스는 남아메리카 북동부에 있는 프랑스령 기아나의 악마도에 갇히게 되었어요. 그러다 1896년경에 가서야 메모지 작성자가 에스테라지 소령이라는 사실이 밝혀져요. 그러나 프랑스군의 참모본부는 이러한 사실을 덮으려고만 했고, 허위 증거를 만들기까지 했어요. 메모지 작성자가 에스테라지 소령이라는 사실을 알게 된 드레퓌스의 가족이 에스테라지 소령을 고발했어요. 에스테라지 소령에 대한 군사재판이 열렸지만, 1897년 1월 11일 에스테라지 소령에 대해 무죄가 선고되었어요.

그러다 프랑스의 유명한 작가 '에밀 졸라'가 드레퓌스 사건의 실체를 알게 되고, 1897년 1월 13일 프랑스 일간지 〈로로르〉에 "나는 고발한다"라는 제목의 글을 실어요. 이 글에는 드레퓌스가 결백하고 드레퓌스를 죄인으로 몬 프랑스군 책임자들을 고발한다는 내용이 들어 있었어요. 이 글은 프랑스 사회에 큰 영향을 줬고, 이후 프랑스 학생과 지식인들은 많은 글을 써 가며 드레퓌스의 결백을 주장하고 재심을 해야 한다고 했어요. 반면에, 드레퓌스에 대한 재심을 해서는 안 된다는 의견도 있었어요. 프랑스 사회는 이렇게 두 입장으로 나뉘어 분열했어요.

1899년 9월 9일, 프랑스 최대 도시 중 하나인 렌에서 군사재판이 열리고 드레퓌스 사건에 대한 재심 선고가 있었어요. 안타깝게도 드레퓌스는 그대로 유죄를 선고받았고, 징역 10년 형이 선고되었어요. 그러다 10일 후인 1899년 9월 19일, 프랑스 대통령은 드레퓌스를 사면했어요. 사면이란 대통령이 죄에 대한 형벌의 집행을 면해 주는 거예요. 드레퓌스는 자신의 명예를 되찾기 위해 사면 혜택을 거부하고 1900년 11월 26일 다시 재심청구를 했어요. 드디어 1906년 7월 12일, 프랑스 최고 법원인 파기원은 드레퓌스에 대한 그동안의 유죄판결을 모두 취소했고, 드레퓌스의 유죄를 입증할 증거가 없어서 무죄라고 판결했어요.

삼례 나라슈퍼 사건

1999년 2월 6일 새벽 4시 즈음, 전라북도 삼례에 있는 나라슈퍼에 3인조 강도가 침입했어요. 3인조 강도는 대문이 열려 있던 나라슈퍼에 들어가 물건을 훔치는 과정에서 피해자 최○○ 씨를 칼로 협박했지요. 순간, 최○○ 씨는 옆에서 자고 있던 아들을 보호해야 한다는 어머니의 마음으로 아들을 꼭 껴

안았어요. 다른 방에 있던 유 할머니가 소리를 지르자 3인조 강도는 청테이프로 유 할머니의 입을 막고, 다리를 결박했어요. 얼마 지나지 않아 유 할머니가 숨을 쉬지 않는 것을 확인한 3인조 강도는 훔친 물건을 들고 도망갔어요.

경찰은 사건 직후 삼례에 살던 강 씨, 임 씨, 최 씨를 특별한 근거도 없이 체포한 후, 이들을 폭행해서 자백을 받아 내고, 사건을 조작했어요. 이 당시 강 씨는 18세, 최 씨는 19세로 둘 다 지적장애가 있었고, 한글을 잘 쓸 줄 몰랐어요. 임 씨는 사건 당시 20세였고요. 이들에 대해서 수사한 기록을 조금만 더 세심히 살피면 이들이 죄를 범한 게 아니라는 사실을 알 수 있었어요.

경찰이 수사한 자료는 그대로 전주 지방검찰청으로 넘어왔고, 이 사건을 담당한 검사는 강 씨, 임 씨, 최 씨에 대해 강도 치사죄로 공소제기를 했어요. 강도 치사죄는 폭행이나 협박으로 다른 사람의 재물을 빼앗는 과정에서 사람이 사망했을 때 성립하는 범죄예요. 법원도 삼례 나라슈퍼 사건에 대해서 합리적인 의심이 들 수밖에 없었는데도 이들에 대해 유죄를 선고했어요. 이들은 항소심을 거쳐 대법원까지 갔지만, 대법원은 1999년 10월 24일 이들에 대해서 유죄판결을 확정했어요. 강 씨는 3년 6개월을, 최 씨는 4년여를, 임 씨는 5년 6개월을 교도소에서 보내야 했어요.

놀라운 사실은 1999년 4월경에 경찰에 삼례 나라슈퍼 사건의 진범 3명이 따로 있는 제보가 접수되었지만, 경찰이 이 제보를 못 들은 척했다는 거예요. 이후, 1999년 11월 24일경 부산 지방검찰청에서 삼례 나라슈퍼 사건의 진범에 대한 첩보를 입수하면서, 삼례 나라슈퍼 사건의 진범 3명에 대한 수사가 다시 시작되었어요. 진범 3명은 수사 과정에서 삼례 나라슈퍼 사건은 자신들이 한 것이라고 자백했어요. 부산 지방검찰청에서 진행하던 진범 3명에 대한 수사가 전주 지방검찰청으로 넘어갔는데, 전주 지방검찰청은 2000년 3월 21

일 진범 3명에 대해 범죄혐의가 없다고 결정해 버렸어요. 수사기관은 강 씨, 임 씨, 최 씨가 범인이 아니라 진범 3명이 따로 있다는 사실을 알고 있었는데도, 이에 대해서 별도로 조치하지 않았던 거예요.

최 씨는 천주교 교화위원의 도움을 받아 2000년 6월경에 재심청구를 했지만, 2002년 2월에 재심이 인정되지 않았어요. 2015년 3월에 이르러 강 씨, 임 씨, 최 씨는 박준영 변호사를 변호인으로 하여 다시 전주지방법원에 재심청구를 했어요. 2016년 1월 2일, 진범 3명 중 1명인 이 씨가 박준영 변호사를 만나 자신이 진범 3명 중 1명이라고 자백했고, 2016년 1월 29일 이 씨는 박준영 변호사의 주선으로 억울한 누명을 쓴 강 씨, 임 씨, 최 씨를 만나 사과했어요. 그리고 돌아가신 유 할머니의 묘소에 찾아가 용서를 빌었어요. 2016년 7월 8일 전주지방법원에서 강 씨, 임 씨, 최 씨에 대해 다시 재판을 시작하기로 하는 재심 개시 결정이 있었어요. 이후 2016년 10월 28일, 다시 재판한 결과를 발표하는 선고기일이 정해졌어요. 그 전날인 2016년 10월 27일, 진범 이 씨는 1999년 2월 6일에 진범 2명과 함께 칼로 협박했던 피해자 최○○ 씨를 만났어요. 이 씨는 피해자 최○○ 씨에게 용서를 구했고, 피해자 최○○ 씨는 이 씨를 용서했어요.

2016년 10월 28일, 전주지방법원은 삼례 나라슈퍼 3인조 강 씨, 최 씨, 임 씨에 대해 무죄를 선고했어요. 한편, 진범 3명에 대한 공소시효는 2009년 2월 5일에 만료된 상황이었어요. 공소시효는 범죄를 저지른 후 일정한 기간이 지나면 검사가 공소제기를 할 수 없게 하는 제도예요. 법적 안정성을 위한 것이죠. 이 당시 강도치사죄의 공소시효는 10년이었어요. 현재 강도치사죄의 공소시효는 15년이에요. 양심선언을 했던 진범 3명 중 1명인 이 씨는 공소시효가 만료되어 처벌받지 않았어요.

11장

법은 현대 사회와 밀접한 관계가 있어요

대한민국 사회 구조의 뼈대 형성

지금까지 살펴본 법은 현대 사회와 어떤 관계에 있을까요? 먼저, 법은 대한민국 사회 구조의 뼈대를 형성하고 있어요. 헌법은 대한민국이 지향하는 가치가 무엇인지, 국민의 기본권이 무엇이고 국가가 국민의 기본권을 위해 어떻게 해야 하는지, 정부 형태가 어떻게 되는지, 경제체제는 어떻게 해야 하는지, 대한민국이라는 거대한 공간을 지탱하기 위해서 국민이 어떠한 의무를 지고 있는지 등에 관해 규정하고 있어요. 즉, 대한민국이라는 공간에서 국민이 평화롭게 잘 살 수 있는 전체적인 구조를 헌법이 만들어 놓은 거지요.

헌법에서 시작된 사회 구조는 법령을 통해 기둥이 세워지고, 지붕이 만들어지면서 구체인 모습으로 나타나기 시작해요. 그런데 이 사회 구조의 뼈대를 옳게 세우는 일이 참 쉽지는 않아요. 역사를 봐도 알 수 있지요. 하지만 법은 끊임없이 살아 움직이고 변화하면서 대한민국 사회 구조의 뼈대를 형성하는 일을 계속하고 있어요. 학교, 도로, 자동차, 편의점, 음식점, 영화관, 목욕탕, 아파트, 집 등 우리가 늘 접하는 모든 것들이 법과 직접적 또는 간접적으로 연결되어 있어요.

우리 생활 바로 옆까지 뻗어 있는 뼈대는 우리 행동에도 관여해요. 거짓말을 예로 들어 볼까요? 거짓말로 다른 사람을 속여 돈을 받아 내면 사기죄가 될 수 있어요. 거짓말로 폭력을 당했다고 다른 사람을 처벌받게 하면 무고죄가 될 수 있어요. 법원에서 증인으로 나가서 선서하고 증언할 때 거짓말을 하면 위증죄가 될 수 있어요. 이처럼 법은 대한민국 사회 구조의 뼈대를 구성해서 우리 주위에서 울타리가 되어 주기도 하고, 사람들이 잘못된 행동을 하지 못하게 막아 주기도 해요.

대한민국 사회와 상호작용

법은 이렇게 끊임없이 살아 움직이고 변화하면서 대한민국 사회 구조의 뼈대를 형성하는 일을 계속하고 있어요. 왜 그러냐 하면 대한민국 사회를 구성하는 국민이 살아 움직이고, 법이 대한민국 사회와 상호작용을 하기 때문이지요.

살인죄 공소시효 폐지

공소시효를 예로 볼게요. 형사소송법이 제정된 1954년에는 살인죄에 대한 공소시효(일정 기간이 지나면 공소를 제기할 수 없는 제도)가 15년이었어요. 즉, 살인죄를 짓고 15년이 지나면 그 사람이 범인인 것이 맞아도 공소를 제기할 수 없다는 거예요. 그러다 1991년 3월에 발생한 개구리 소년 실종 사건, 1986년부터 1991년까지 있었던 화성 연쇄살인 사건 등 해결되지 않은 사건들의 공소시효가 만료되는 문제가 불거져 나오기 시작했어요. 그러면서 2007년 12월 21일에 형사소송법이 개정되어 살인죄의 공소시효가 15년에서 25년으로 연장되었어요.

1999년 대구에서 발생한 황산 테러로 6세 김태완 군이 숨진 뒤 범인을 잡지 못한 사건이 있었어요. 이 사건의 공소시효 만료가 2014년으로 임박하게 되자, 살인죄의 공소시효 25년에 대한 보완이 필요하다는 사회적인 요구가 다시 거세졌어요. 2015년 7월 24일 살인죄에 대해서는 공소시효가 적용되지 않는다는 내용의 형사소송법 개정안이 국회를 통과했고, 2015년 7월 31일에 이 형사소송법 개정안이 시행되었어요. 살인죄에는 공소시효가 적용되지 않는다는 내용의 형사소송법 개정안은 김태완 군의 이름을 따서 태완이법이라고도 해요.

태완이법은 김태완 군의 살인범에 대한 공소시효가 끝난 후에 시행되어 김태완 군의 살인범에게는 적용되지 않게 되었지만, 그때까지 공소시효가 끝나지 않은 다른 사건에 적용되어 진범들이 처벌되었어요. 이렇게 법이 대한민국 사회의 구성원인 국민의 의사와 상호작용을 했기 때문에 태완이법이 시행되었다고 볼 수 있어요.

영화 사전검열 & 셧다운제 폐지

예전에는 영화를 상영하기 전 영화의 사전검열이 있었지만, 헌법재판소 결정으로 인해 영화의 사전검열은 폐지되었어요. 사전검열은 공권력이 어떤 내용의 표현이나 공개를 통제하는 것을 말해요. 영화의 사전검열 폐지가 우리나라 영화가 세계적으로 인정받기까지 발전하는 데 어느 정도 도움을 줬다고 볼 수도 있을 것 같아요.

2011년에는 인터넷게임 제공자가 심야 시간에 16세 미만의 청소년에게 인터넷게임을 제공하지 못하게 하는 '셧다운제'가 시행되었어요. 셧다운제는 청소년 보호법에 규정되어 있었고, 헌법재판소는 청소년보호법상의 셧다운제에 대해 합헌으로 결정했어요. 그런데 2022년 1월 1일에 개정된 청소년보호법이 시행되면서 셧다운제가 폐지되었어요. 컴퓨터를 통한 인터넷게임 대신 휴대폰을 통한 모바일 게임이 크게 성장해서 게임을 이용하는 사회적 환경이 바뀌었기 때문이에요.

청탁금지법 시행

2011년경 공직자들의 부정부패에 대한 우려가 커질 때, 김영란 전 대법관은 '부정청탁 및 금품등 수수의 금지에 관한 법률'(줄여서 '청탁금지법'이라고 해요)을 제안했어요. 청탁금지법은 2015년 3월 27일에 가서야 제정되었고 2016년 9월 28일에 비로소 시행되었어요. 청탁금지법이 시행되기까지 많은 진통이 있었어요. 청탁금지법은 김영란

전 대법관이 제안했기 때문에 김영란법이라고 불리기도 해요. 청탁금지법에 따르면 공직자는 일정 금액 이상의 식사를 접대받거나, 선물을 받을 수 없어요. 이 법이 시행된 후 공직자에게 관행적으로 해 오던 기업인의 식사 접대나 선물이 줄게 되어 공직자나 기업인 모두에게 부담을 줄여 주는 긍정적인 영향이 있다고 평가받고 있어요. 반면, 이 때문에 한우, 꽃, 음식과 관련된 산업의 매출이 조금 하락하는 부정적인 영향을 끼친 부분도 있다고 해요. 이렇게 법은 대한민국 사회와 상호작용하면서 사회의 요구에 따라 법이 바뀌고 만들어져서 다시 사회에 영향을 끼쳐요.

국가가 사회에 개입하는 근거와 한계

보이지 않는 손에 의해 국민경제 전체의 질서가 형성된다는 이론이 지배하던 시대에 산업혁명이 일어났고, 그 후 극심한 빈부 격차가 발생하자, 국가가 사회에 개입해야 한다는 사회복지국가 이론이 등장했어요. 국가는 법률을 통해 시장경제체제에 개입해서 빈부 격차를 줄이기 위해 노력하고, 사회적 약자가 인간다운 삶을 누릴 수 있게 도와줘요.

국가는 또 법률을 통해 사회 안전망을 구축해요. 코로나바이러스 감염증-19 같은 감염병이 창궐하면 국가가 나서서 여러 조처를 하죠. 국가는 국가안전보장, 질서유지, 공공복리를 위해 법률로 국민 생활에 개입할 수 있어요. 이렇게 법은 국가가 사회에 개입하는 근거가 되기도 해요. 이런 국가의 개입은 사회 구성원 중 일부의 기본권을 제한할 수밖에 없어요. 그래서 국가가 개입하더라도 비례의 원칙에 따라 개입해야 해요. 기본권의 본질적인 내용을 침해하면 안 되는 것이죠. 이렇게 법은 국가가 사회에 개입하는 근거와 한계가 됩니다.

권리구제 수단

　법이 사회 구조의 뼈대를 옳게 세우지 못해서, 국민이 피해를 입으면 국민은 피해 보상을 위해 바르게 세워진 뼈대에 기대어 권리구제를 받을 수 있어요. 사람들은 법이 만들어 놓은 사회 구조 속에서 함께 살아가고 있어요. 함께 살다 보면 법률관계를 맺게 되고, 그 법률관계에서 다툼이 발생할 수 있어요. 법률관계에서 권리를 침해받은 사람은 법을 통해 권리를 구제받을 수 있지요. 법은 사람이 권리 침해를 당하지 않도록, 침해된 권리를 회복할 수 있도록 여러 가지 체계를 마련해 놓고 있습니다.

　그런데 법이 마련해 놓은 체계가 오히려 사람의 권리를 침해해서 억울한 사람을 만들어 내기도 해요. 이러한 문제점은 법이 잘못된 체계를 만들었기 때문일 수 있어서, 잘못된 체계를 바로 세우기 위해 많은 사람이 고민합니다.

　여기서 한 가지 짚고 넘어가야 할 것은 법은 사람을 위해 만들어지는데, 법을 만들고 제정하는 것도 사람이고, 아무리 좋은 법을 만들고 고치더라도 결국 법을 집행하고 적용하는 것도 사람이라는 거예요. 법은 사람에서 시작돼 다시 사람에게 이르게 돼요.

국제 사회와의 교류

사람이 혼자 살아갈 수 없듯이 국가도 국제 사회로부터 동떨어져 외톨이로 지낼 수 없어요. 그래서 다른 나라와 교류할 수밖에 없는데, 그 교류의 한 형태가 조약입니다. 이 국제 사회와의 교류는 사회 구조에도 영향을 미쳐요.

우리나라가 다른 나라와 최초로 맺은 칠레와의 자유무역협정을 예로 볼게요. 우리나라는 2003년 2월 15일에 칠레와 자유무역협정(FTA)을 체결했어요. 자유무역협정은 외국 물건을 수입할 때 매기는 세금인 관세 등의 무역 장벽을 없애고 자유롭게 무역하는 협정을 말해요. 한국과 칠레의 자유무역협정은 2004년 2월 16일에 국회 동의를 받았어요.

칠레와의 자유무역협정 때문에 칠레 농수산물이 싼 가격으로 우리나라에 수입되면 우리나라 농어업인이 피해를 볼 수 있잖아요. 그래서 피해를 최소화하기 위해 2004년 3월 22일 "자유무역협정 체결에 따른 농어업인 등의 지원에 관한 특별법"(줄여서 '자유무역협정(FTA)농어업법'이라고 해요)이 제정되었어요. 이 법에 따라 정부는 농어업인이 값싼 수입 농수산물에 대항해서 경쟁력을 높일 수 있게 농어업인을 지원하고 있어요.

> 재미있는 법 이야기

남극조약, 우주조약

남극조약 1959년 12월 1일, 12개국이 미국 워싱턴에 모여 전문과 14개 조항으로 이루어진 남극조약에 서명했고, 1961년 6월 23일에 남극조약의 효력이 발생했어요. 남극조약은 남극을 평화적 목적으로 이용하고 과학적 탐사와 연구를 자유롭게 하고 핵실험을 금지하는 내용들을 규정하고 있어요. 우리나라는 1986년에 남극조약에 가입했고, 1988년 2월 17일에 남극의 킹조지섬에 세종 과학기지를 세우고 본격적인 남극 연구를 시작했어요. 우리나라의 남극 기지 설립은 세계에서 16번째였고, 1989년에는 세계에서 23번째로 남극조약에 관해 발언권을 행사할 수 있는 협의 당사국이 되었어요. 2014년 2월 12일에는 남극에 장보고 과학기지를 건설했지요. 이로써 우리나라는 세계에서 남극에 2개 이상의 과학기지를 보유한 10번째 국가가 되었어요.

남극 과학기지에서는 순수 우리 기술로 만들어진 쇄빙선 아라온호가 활동하고 있어요. 남극에서의 활동과 남극 환경보호를 위해 "남극활동 및 환경보호에 관한 법률"(줄여서 '남극활동법'이라고 해요)이 2004년 3월 22일에 제정되어 2004년 9월 23일부터 시행되고 있어요.

우주조약 영화 마블 시리즈 중 〈캡틴 아메리카:시빌 워〉에서는 소코비아 협정이 등장해요. 어벤져스가 나이지리아의 라고스에서 테러 단체의 테러를 막는데 이 과정에서 의도치 않는 인명 피해가 발생합니다. 이후, 세계 각국은 어벤져스와 관련해 피해가 있었던 일들을 되짚으며 어벤져스를 UN의 통제 아래에 두려는 소코비아 협정을 맺어요. 영화 속 이야기지만 소코비아 협정 또한 조약이라고 볼 수 있겠지요.

이번엔 현실 속 우주에 관해 이야기해 볼게요. 우주의 법적 지위에 관한 기본적인 원칙을 제시하는 조약이 바로 1967년의 우주조약이에요. 우주조약의 정식 명칭은 "달과 기타 천체를 포함한 외기권 탐색과 이용에서의 국가 활동을 규율하는 원칙에 관한 조약"이에요. 우리나라에서는 1967년 10월 13일에 효력이 발생했어요. 우주조약은 우주 공간은 모든 국가에 개방되어 있고, 어느 국가도 영유권을 주장할 수 없다고 규정하고 있어요. 달과 천체는 평화적 목적을 위해서만 이용할 수 있지요. 우주에 핵무기 등의 대량살상무기를 배치할 수 없고, 우주에 군사기지를 설치할 수 없어요. 무기 실험도 할 수 없고요.

2022년 6월 21일 전라남도 고흥군에 있는 나로 우주센터에서 우리나라가 독자 개발한 한국형 발사체 누리호의 발사가 성공했어요. 누리호의 비행 과정이 정상적으로 진행되었고, 누리호에 탑재된 성능 검증을 위한 위성도 순조롭게 분리되었어요. 같은 해 8월 5일 미국 플로리다주 케이프 커내버럴 우주군 기지에서 우리나라가 개발한 달 궤도선 다누리호가 스페이스X 사의 발사체에 실려 발사되었어요. 다누리호는 스페이스X 사의 발사체에서 분리되어 정상적으로 작동되고 있어요. 대한민국의 사회 구조가 우주 공간까지 확장되고 있다는 뜻이지요. 앞으로 점점 우주와 관련된 국제 사회와의 교류도 더욱 늘어나겠죠. 영화 속 우주의 모습이 점차 현실로 다가오게 될까요? 그렇게 된다면 더욱 다양하고 복잡한 법률관계와 그에 상응하는 법도 우리 옆에 다가오겠지요.

참고문헌

- 성낙인, [헌법학], 제22판, 법문사
- 송덕수, [민법총칙], 제6판, 박영사
- 홍완식, 곽관훈, 김명엽, 김재윤, 박규용, 박병도, 장교식, 정대, 최관호, 황대성 [법학개론], 제9판, 피앤씨미디어
- 배종대, 홍영기, [형사정책], 제2판, 홍문사
- 박상기, 손동권, 이순래, [형사정책], 전정판, 한국형사정책연구원
- 김철수, [기본권의 발전사], 박영사
- 이재상, [신형사소송법], 제2판, 박영사
- 정인섭, [신국제법강의], 제13판, 박영사
- 김상용, [서양법사와 법정책], 피앤씨미디어
- 법무부, [한국인의 법과 생활], 전면개정판, 2021년
- 황남기, [2022 대비 헌법기본서], 찬글
- 차병직, [헌법의 탄생], ㈜바다출판사
- 양재택, 정진항, [법과 현대사회], 박영사
- 박양규, [중세 교회의 뒷골목 풍경], 예책
- 이진민, [다정한 철학자의 미술관 이용법], 한겨레출판
- 콜린 존스 지음, 방문숙·이호영 옮김, [사진과 그림으로 보는 케임브리지 프랑스사] 시공사
- 김영란, [김영란의 열린 법 이야기], 풀빛
- 심재광, [소년을 위한 재판], 공명
- 박형남, [재판으로 본 세계사], 휴머니스트
- 박상규·박준영, [지연된 정의], 후마니타스
- 레일라 슈넵스·코랄리 코메즈 지음, 김일선 옮김, [법정에서 선 수학], 아날로그
- L.레너드 케스터·사이먼 정, [미국을 발칵 뒤집은 판결 31], 현암사
- 미야자키 마사카츠 지음, 이영주 옮김, [하룻밤에 읽는 세계사], 알에이치코리아
- SBS 꼬리에 꼬리를 무는 그날 이야기 제작팀, [꼬리에 꼬리를 무는 그날 이야기], 동아시아
- 유발하라리 지음, 조현욱 번역, 이태수 감수, [사피엔스], 김영사
- 벤 윌슨 지음, 박수철 번역, 박진빈 감수, [메트로폴리스], 매일경제신문사